CAPITALISMO LIGHT

João Rached

O desafio de manter negócios saudáveis e pessoas felizes

PRIMAVERA EDITORIAL

Dedico esta obra à minha mãe, dona Rosa.

O importante é que suas convicções sejam mais fortes que suas dúvidas.

Novak Djokovic, após vencer a semifinal do Aberto da Austrália 2016 contra Roger Federer

Sumário

Para começar

Sou um capitalista. Assumo essa condição naturalmente, pois acredito que esse seja o melhor sistema para a evolução da sociedade, desde que utilizado de maneira responsável, respeitando, acima de tudo, as pessoas. A Revolução Industrial, embora no seu começo tenha sido permeada por abusos, com operários trabalhando mais de doze horas por dia, foi o início da retirada de muita gente da linha da pobreza. Tanto que um inglês nascido no final do século XVII tinha como expectativa de vida apenas 36 anos, dado que se alterou drasticamente no século XVIII e, principalmente, no início do XIX. Desde então, de modo geral, o direito dos operários e dos trabalhadores evoluiu, e o respeito às pessoas também tem gradativamente ganhado espaço dentro das corporações, embora, claro, ainda haja muito a ser alcançado – como a eliminação do trabalho escravo, a exploração de mão de obra barata etc.

Na minha carreira, participei da implementação de mudanças em larga escala, com impacto na cultura e na transformação da liderança das empresas. Comandei diversos projetos de melhoria de negócio, quando até mesmo a sobrevivência da empresa estava em jogo. Para direcionar esses projetos, algumas ações estratégicas foram tomadas, mesmo considerando crises de escala relevante e riscos significativos.

Aprendi que a complexidade desses processos e seu sucesso eram dependentes de muita sensibilidade e precisão nas decisões, pois envolviam pessoas de todos os escalões da organização, incluindo acionistas.

Tive experiências variadas e muitas delas envolviam situações críticas e de alto risco. Inclusive, sempre fui considerado louco ou inconsequente por aceitar desafios impossíveis. Boa parte dos desafios eu aceitei porque, em princípio, não havia avaliado as consequências ou os riscos de me associar a determinado projeto. Profissionais sempre buscam desafios, mas antes de encará-los deve-se avaliar os riscos. Para minha sorte, ter feito parte de projetos complicados foi extremamente bom para minha carreira.

Mas qual a diferença entre risco e desafio? Desafio traz metas a serem atingidas, possibilidades de melhorias imensas – e, se não der certo, o que está em jogo é o seu sucesso. Já no risco, se a coisa falhar, há a possibilidade de você "morrer". Esse "morrer" pode ser uma demissão ou um arranhão sério em sua carreira. O que está em jogo é sua vida, sua caminhada, sua pele. Embora a possibilidade de sucesso seja comum nos dois casos, é necessário avaliar muito mais antes de se correr um risco – ou contar com a sorte.

Quando fui trabalhar na Volkswagen, por exemplo. Logo na entrevista de emprego, um alto executivo chegou para mim e falou: "Espero que você venha trabalhar com a gente, mas você é um maluco". Isso porque as condições eram totalmente adversas, conflitivas. Era o ano de 2001, haveria pré-eleições presidenciais, quando o ambiente tinha mais impacto trabalhista do que nunca, uma época de reestruturação que remetia a negociações difíceis com os sindicatos, com possibilidades de greves. Mas, no final, tudo deu certo e saí com uma bagagem muito maior em gerenciamento de crises.

Trabalhei em diversos projetos importantes, como o *turnaround* da Alpargatas e a reestruturação da Volkswagen, além de comandar processos de mudança na Brasil Telecom (que hoje é Oi, após a fusão com a

Telemar) e no HSBC, empresas que estão entre as maiores do país. Também fui consultado para trabalhar em pelo menos o dobro desse número de grandes empresas.

Um fator muito interessante é que grande parte dos presidentes e CEOs dessas empresas não tinham a menor ideia do que solicitar a mim ou do que exigir da área de RH. Isso, por um lado, me ajudou, pois tive mais liberdade de implementar meu método de trabalho. Mas, por outro, me atrapalhou, já que meus chefes não tinham parâmetros para avaliar meu desempenho e minhas propostas.

Não acredito que haja uma estratégia geral para a área de Recursos Humanos, que se aplicaria a profissionais de qualquer empresa. Pelo contrário, existem ferramentas de RH que podem ser usadas em boa parte das empresas e adaptadas à estratégia de pessoas daquele negócio específico. Um presidente de um grande banco chegou a conversar comigo para que eu trabalhasse em sua empresa. Perguntei a ele: “Com tantos funcionários, por que eu, que estou fora, sou o candidato?”. Ele me respondeu: “Como você tem experiência em diversos tipos de empresas, não vem com uma receita de bolo”. Em outras palavras, o fato de eu não ter um modelo padrão fez com que eu me tornasse atraente àquele executivo.

O papel do líder da área de Recursos Humanos é encampar a estratégia da empresa e dar subsídios para que ela seja bem-sucedida. É definir o caminho e como se dará o processo de fidelização das pessoas ao projeto da empresa. Atualmente, esse processo se dá mais por meio de uma causa do que por outros fatores, como remuneração melhor e benefícios

– tampouco pelo fascínio da grife. Hoje, os jovens não têm mais o orgulho de trabalhar em uma empresa "de nome", e podem, facilmente, trocá-la por uma menor, mas com um propósito mais atraente. Até porque as marcas podem ruir, cair no ostracismo, ser atacadas. No entanto, uma causa é algo mais sólido, relevante e dá sentido à vida das pessoas.

Por isso, o propósito deste livro é proporcionar uma reflexão sobre todas as fases de um projeto estratégico, para que esse tenha grande chance de sucesso. Quero dividir situações e conceitos que colecionei durante minha carreira com gestores que acreditam que as pessoas fazem a diferença. Não faço abordagem acadêmica, por não ter esse direcionamento, mas trago experiências em situações reais de uma carreira de mais de quarenta anos. Convivi e compartilhei decisões com altos executivos que eram responsáveis por projetos cruciais. Ao longo dos anos de experiência, os acertos e os erros acabaram sendo sempre meus inspiradores.

Acredito que é possível buscar o melhor para a sociedade por meio das organizações. A ideia é levar líderes de todos os níveis – diretores, gerentes e todos que têm hierarquicamente algum poder de decisão sobre outras pessoas – a pensar sobre suas causas e seus projetos.

Nas próximas páginas, você não encontrará uma receita de bolo, mas ideias de como o RH pode ser muito mais do que apenas um braço administrativo da empresa e se tornar parte importante da estratégia, que guiará muitas das decisões mais significativas dos negócios, sendo responsável direto pelos resultados.

1
A causa e a comunidade

Em cada empresa em que cheguei para implantar um novo projeto, a primeira coisa que me era apresentada – geralmente pelo presidente da organização – era a causa pela qual todos deveriam estar engajados. Poderia ser a recuperação de mercado da empresa, dos resultados, valorização do produto etc. E normalmente eles tinham a visão do que deveria ser feito para agradar acionistas, clientes e funcionários. E acrescento um fator que deve ser levado em conta e que não é menos importante que os outros três: a comunidade.

Existe uma corrente atual que defende o chamado capitalismo consciente. Um dos pontos mais importantes defendidos por essa teoria é que o lucro não é o mais importante para a empresa. Um exemplo de aplicação desse conceito na prática é o que faz a rede de supermercados norte-americana Whole Foods. Em todas as suas lojas não se vende nada com agrotóxicos, e só há lugar para comida orgânica. O mercado tem como filosofia prestigiar os produtores de hortifrúti que estão a um raio de 10 km e privilegiar embalagens recicláveis, bem como não vender peixes ameaçados de extinção, dentre outras ações.

Fui a uma palestra de John Mackey, que escreveu um livro* sobre o tema e é um dos fundadores do Whole Foods. Ele defendeu com afinco o sistema capitalista. Mackey demonstrou que tudo o que levou à evolução da sociedade foi fundamentado no capitalismo. As religiões, o exército, os governos e a cultura não foram capazes de gerar riqueza. O que promoveu

* *Capitalismo consciente: como liberar o espírito heroico dos negócios*. São Paulo: HSM, 2014.

o progresso da tecnologia, da medicina e do bem-estar social foi a implantação do sistema capitalista.

Esse é um dos motivos pelo qual eu me considero um capitalista convicto. No entanto, para que esse motor continue a rodar sem acabar com o planeta e gerar desinteresse nas novas gerações, é preciso atrelar uma causa ao desenvolvimento. Não se pode trabalhar apenas pelo dinheiro. Os mais jovens têm dificuldade de trabalhar para empresas que eles não veem como socialmente responsáveis. Eles observam a atitude da organização diante da comunidade, se ela tem sistema de trabalho voluntário, se gera algum benefício para população a sua volta, se respeita o meio ambiente, para então se engajarem.

E não precisa ser uma ONG defensora dos animais ou uma organização que vende alimentos veganos para ser socialmente responsável e atrair o interesse dos funcionários. Isso é possível de ser implantado em qualquer empresa. Em um banco, por exemplo, que muitas vezes é visto como um vilão dentro da sociedade por visar ao lucro, há vários papéis sociais importantes. O papel do banco é gerar negócios, riquezas, financiar projetos que levam à melhoria da sociedade ou da vida pessoal do cliente. Alguns adotaram medidas ecologicamente corretas ao usar papéis reciclados no extrato ou disponibilizar bicicletas para a população. E se o banco toma posições rígidas, como não financiar quem agride o meio ambiente nem empresas que utilizam de mão de obra escrava ou trabalho infantil, mesmo abrindo mão de aumentar seu lucro, cria um engajamento maior nas pessoas que compartilham dos mesmos valores.

Dessa forma, a longo prazo, compensam sobejamente o lucro momentaneamente perdido.

Esse tipo de ação é possível em absolutamente todos os negócios. Um amigo meu, por exemplo, criou uma empresa de conciliação de dívida. A princípio, parecia que não havia espaço para grandes causas sociais, no máximo proporcionar um acordo justo entre o credor e o devedor. Mas ele foi além. A cada acordo firmado, ele planta uma árvore em sua fazenda. Em certa época do ano, com o número de acordos atingidos e a respectiva quantidade de mudas de árvores, ele convida clientes e funcionários de seus clientes para o plantio. E toda vez que ele contrata um advogado, fala: "você pode dizer que aqui você está plantando árvores". As pessoas trabalham pelo salário, mas também por produzir algo do qual sintam orgulho.

"Pai, você é melhor que isso"

Às vezes, mesmo sendo bem-intencionadas, algumas decisões geram efeitos colaterais indesejados. Como escrevi anteriormente, muitos dos projetos apresentados a mim levaram a um grande número de demissões. Mas mesmo processos como esse podem estar atrelados a uma causa maior.

Em duas das empresas em que trabalhei, criei programas de recolocação profissional de todos os níveis e de geração de renda, que chegaram a ser premiados.

A ideia surgiu quando eu trabalhava na Alpargatas e tive que promover uma demissão de cerca de três mil pessoas, em uma cidade pequena. Minha filha, que na época tinha 15 anos, falou: "Mas o que você vai fazer com essas pessoas?". Eu expliquei que a fábrica iria fechar e que eu não tinha o que fazer. Então ela virou para mim, com aquele olhar inquisidor, e disse: "Você é mais inteligente que isso, pai, você é meu herói, então dá um jeito". Eu tinha que fazer alguma coisa, senão não poderia voltar para a casa e ficar em paz.

Pesquisando sistemas de recolocação profissional em outros países, encontrei um que poderia ser implantado onde eu trabalhava. Descobri uma empresa francesa que tinha uma metodologia para fazer esse projeto de transição de carreira. Mostrei ao sindicato, a ideia foi aprovada e implantamos o tal sistema.

O primeiro passo, nesse método, era escutar o funcionário, se ele queria arrumar outro emprego ou empreender. Uma funcionária, por exemplo, falou que queria abrir uma floricultura, pois adorava flores. Ela pretendia alugar um ponto na esquina perto de sua casa. O que fizemos? Nós a enviamos para Holambra, cidade do interior de São Paulo famosa pelo negócio de flores. Lá eles explicaram como funciona todo o ciclo que envolve esse mercado, da produção à comercialização. De volta, nossos técnicos mostraram que na esquina em que ela queria montar a floricultura o fluxo de pessoas não iria garantir o rendimento almejado. Indicamos outro local, no qual o fluxo de pessoas era bem maior, com potencial para que ela ganhasse o que precisava para viver. E deu certo. Esse sistema teve 94% de sucesso. Ainda fizemos um convênio com o Banco do Brasil, a fim de financiar o negócio daqueles para quem o dinheiro da rescisão não seria suficiente.

Almoçando com minha família em um bonito restaurante em Curitiba, onde tinha até um parquinho para as crianças brincarem, fiquei sabendo que a dona tinha participado de um desses programas de recolocação profissional. Ela veio até minha mesa e me agradeceu: "Hoje faço o que gosto, e sou muito mais feliz que naquela época". Nesse momento, o olhar da minha filha para mim foi bem diferente, cheio de orgulho.

Depois que saí da Brasil Telecom, também implantei o mesmo programa na Volkswagen. Era mais complicado, por outras circunstâncias, mas pelo menos as pessoas não rompiam o vínculo ao saírem da empresa. Lá, outra prática interessante é a de chamar os funcionários aposentados para um jantar anual para serem apresentados aos novos produtos da companhia. Sempre brinco, com um fundo de verdade, que na primeira parte da reunião, em que são mostrados os resultados, os ex-funcionários aposentados normalmente dizem, sempre com muita educação: "Nós éramos bem melhores que vocês".

Esse tipo de atitude não beneficia apenas aqueles que são dispensados. Os que ficam, ao olhar o que acontece com os que são demitidos ou se aposentam, sabem que serão respeitados na mesma medida no dia em que saírem. Assim, o comprometimento deles com o negócio aumenta, já que sentem que o compromisso do outro lado é recíproco. E mesmo em um ambiente com grande número de demissões, esse empenho não é afetado. Ou pelo menos não tanto.

Algumas pessoas podem argumentar que aí os funcionários irão preferir forçar a demissão, a fim de receber o FGTS, a indenização e essa recolocação profissional ou a chance de empreender. Ao que eu respondo: "Se o funcionário prefere o FGTS, a indenização e outros benefícios a trabalhar na sua empresa, então algo está muito errado com ela".

Outro ponto importante para se criar uma causa entre os funcionários é oferecer um produto ou serviço que tenha condições de competir no mercado, mas que também dê orgulho a quem está trabalhando nele. Uma vez, nos EUA, fui jantar em um restaurante em Houston, e sentei perto de onde os garçons pegavam os pratos da cozinha para servir. Em cima do balcão, estava escrita a seguinte frase: "Antes de servir, veja se você tem orgulho do prato que você está retirando e irá levar ao cliente". Em outras palavras, é um princípio, é parte da causa e todos devem estar envolvidos, do presidente ao funcionário que está lá, no dia a dia, oferecendo o produto ou o serviço ao público.

2
Valores: estrada por onde a cultura trafega

Tenho notado que as escolhas em desenvolver pessoas, retê-las, motivá-las e remunerá-las seguem um padrão, muito embora a tônica da maioria dos discursos dos gestores de pessoas – presidentes, conselheiros, diretores de RH – diga o contrário.

De maneira geral, as ferramentas utilizadas são iguais e aplicadas a todo tipo de situação. E elas não são reconhecidas pelos funcionários, clientes e acionistas como algo de valor. A sensação que se passa é que existe uma área de Recursos Humanos funcional, nem melhor nem pior que outras, mas que não faz a diferença para o negócio. E na grande maioria das vezes, se pensa: "que bom que ela não atrapalha". Normalmente, é um setor que não faz parte do pensamento estratégico, da necessidade do negócio, e se limita a uma repartição burocrática que deve cuidar de um processo necessário: contratar, pagar, demitir, treinar e algumas vezes animar o ambiente de trabalho. Por isso, as ações da área de Recursos Humanos vêm se tornando um tédio nas organizações. E poucos percebem que a necessidade de se agregar valor está diretamente relacionada às escolhas e às pessoas que vão conduzir essas escolhas.

O que falta, na maioria das vezes, é a percepção e a avaliação das pessoas na tomada de decisão para os próximos passos. É necessária uma reflexão acerca da qualidade do especialista em Recursos Humanos, porque, ele não sendo o esperado pela organização, seu nível de credibilidade se torna baixo para que seja ouvido em questões-chave da estratégia da empresa. Das minhas experiências, por meios até inconsequentes, fui ouvido e tive a felicidade de orientar caminhos, o que me levou a uma carreira com desafios crescentes. Hoje, conversando com pessoas da área, noto que somente uma pequena parcela consegue dar um direcionamento para o negócio, em função da baixa credibilidade de que gozam na organização.

No primeiro capítulo, quis estimular a reflexão sobre como está hoje a gestão de pessoas. O intuito é que o leitor, à medida que passe por essas linhas, pare e reflita sobre o plano de negócios de sua organização.

Na vida, o que move o ser humano é um sentido. E a área de Recursos Humanos tem que se dedicar para não ser apenas uma seguidora dos processos e de modismos, trazendo uma nova roupagem, mas com os antigos conceitos da função.

Nem sempre o condutor das pessoas em uma organização é o número um do RH. Muitas vezes é apenas um "fazedor", orientado pelo maior líder da organização. Ele é só um implementador de princípios e credos da cultura do principal gestor e do conselho. Por exemplo, se o presidente definir na cultura da empresa e na estratégia de pessoas uma postura autocrática, que pune erros de funcionários, o "doer" irá implementar esse conceito e provavelmente irá assustar e inibir toda a criatividade no ambiente de negócios. Por sua vez, há os que criam uma postura paternalista, que não gera meritocracia e o compromisso com o resultado.

Para encontrar o equilíbrio, o gestor deve ser orientado e refletir aonde a cultura dessa empresa vai levá-la. Se forem tomadas atitudes apenas baseadas no "humor" e no momento pelo qual a empresa está passando, os funcionários não terão a segurança e nem saberão como trabalhar naquela organização.

Quando se seleciona um executivo, uma das características a ser levada em conta é o seu credo a respeito de pessoas. Porém, isso muitas vezes é esquecido tanto na contratação como no gerenciamento de carreira dos profissionais dentro da empresa. Tomar esse tipo de cuidado cria uma capacidade muito maior de atração e retenção dos profissionais.

Mas o que é a cultura da empresa? Assim como a cultura em geral, ela surge de maneira fisiológica, do cultivo de ideias, comportamentos e símbolos constantes. Isso pode se aplicar a países, povos, religiões, etnias, clubes de futebol etc. Por exemplo, é possível dizer que a cultura japonesa privilegia a educação, o trabalho, o conhecimento, pois por muitos anos esse povo aplicou isso na prática. Ou quando se fala que a cultura de um time de futebol gaúcho é ser muito mais aguerrido que os do restante do país, isso se dá pelo histórico de comportamento desses clubes.

Então, episódios que marcaram a vida da empresa e as decisões tomadas nessas circunstâncias ficam enraizadas como base da cultura da organização. Imaginem a seguinte situação: em certa ocasião, diante de um resultado insatisfatório, a opção da liderança foi por um grande número de demissões. Isso tende a tornar a cultura da empresa ameaçadora. Cria-se, no inconsciente coletivo dos funcionários, o pensamento de que toda vez que houver resultado insatisfatório, muitos funcionários serão mandados embora. Também pode acontecer o contrário: como se sabe que a empresa não demite ninguém, não há compromisso com resultados entre os funcionários. Dentro desse dilema, qual o caminho certo? Nenhum. Depende do propósito de cada um, mas normalmente o equilíbrio prevalece. Não é fácil chegar a ele, mas é um ponto essencial.

Em épocas de crise, esse dilema costuma ser ainda maior. Como não se tornar uma cultura ameaçadora se a empresa não alcança seus resultados por vários anos seguintes? O que a segura é justamente o seu passado, seu histórico, a criação de um patrimônio sólido de produtos e, principalmente, pessoas, que passam a ver aquele momento como circunstancial. Investir na manutenção do bom ambiente é sempre reconhecido como algo favorável aos funcionários e ao próprio negócio.

Os momentos que criam as bases para a cultura de uma organização são justamente os de crise, mesmo que externas. Por exemplo, uma empresa cuja sede fica em um lugar que sofreu um desastre natural, como um tsunami ou um terremoto. Se a reação dos dirigentes for apoiar a comunidade nesse momento difícil, isso já cria um pequeno "caldo cultural". Se a empresa fecha os portões, como que demonstrando nada ter a ver aquilo com seu negócio, acaba fornecendo sinais de um distanciamento, que também ficará como marca de sua cultura.

Internamente, essa cultura também é criada. No momento em que um funcionário falha, ele deve ser reeducado ou demitido? Independentemente da resolução, se em uma sequência de episódios como esse for seguida uma lógica e tomada o mesmo tipo de atitude, será criada a cultura de que ali não existem privilegiados.

Tudo isso leva anos para se estabelecer, sendo que uma única atitude contrária pode colocar tudo a perder.

Normalmente, a cultura trafega nas "veias" da organização, mesmo com a troca de executivos ali dentro. Por isso, debates situacionais, que envolvem dilemas éticos e morais, devem ser sempre colocados na contratação e na promoção de pessoas, com perguntas do tipo: "o que você faria se, por causa de uma inundação perto da sede da organização, muitos funcionários não conseguissem chegar?". A ideia é checar se a resposta irá condizer com a cultura da empresa.

Muitas empresas têm suas diretrizes escritas, mas isso não é suficiente e nem fundamental, porque a cultura é a soma das consciências que existem na organização. É possível trabalhar por anos sem ler as normas e os regulamentos, agindo apenas com senso de certo e errado. Não é por ler um manual que você vai mudar seu comportamento ético. Claro que é interessante que se tenha algo a ser consultado, mas a cultura é construída diariamente muito mais por ações e exemplos do que por um regulamento.

Alguns fatores podem contribuir para que a cultura não se solidifique. Um índice de *turnover* alto nos cargos de liderança não deixa que esta se sedimente, pois a cultura surge exatamente de histórias de pessoas – principalmente lideranças – daquele local. As empresas que dão mais longevidade a seus dirigentes são mais seguras nesse sentido, mas podem ser acometidas de outro problema: não permitir "oxigênio" novo nas ideias e na estratégia. Até porque a cultura não pode ser rígida como os valores, mas deve, sim, estar sempre em movimento. Os valores são a estrada por onde a cultura trafega. E essa estrada não tem acostamento. Por isso é um erro tentar estabelecer a cultura em uma única canetada.

Muitas empresas têm em sua cultura a decisão de não deixarem parentes trabalharem lá. Eu sempre questionei isso. Quando tive que morar no exterior a trabalho, levei minha família junto. Minha filha foi educada por aquela empresa, ganhou novas vivências, teve uma experiência internacional, gostava daquela organização e das pessoas que ela conhecia de lá, mas era proibida de trabalhar ali. Claro que deve haver um balizamento, manter-se os valores de não favorecimento de um ou outro, mas a cultura pode ser flexível quando mantiver o senso de justiça e a ética.

O RH, nesse processo, tem que ter autoridade para instigar a reflexão. Se o líder está sendo duro ou frouxo com seu funcionário, o RH deve trazê-lo para o centro e para o bom senso, para evitar reações excessivamente emocionais e momentâneas, quando normalmente começam todos os erros de uma organização.

Pode-se pressupor que todo mundo sabe disso. Porém, no calor do dia a dia, nem todos conseguem colocar essa reflexão na prática. E eu digo: a coerência das práticas constrói a cultura. E, sendo algo coletivo, deve haver respeito às individualidades, pois é a soma das individualidades que essencialmente dará vida a essa cultura.

3

A disseminação da estratégia

Uma pessoa, passando perto de uma construção, perguntou a um dos operários: "O que você está fazendo?". Ele respondeu que estava carregando tijolos. A pessoa então fez a mesma pergunta a outro operário, que respondeu que estava erguendo um muro. Outro falou que estava colocando cimento, e o quarto disse que era responsável pelas vigas de ferro... Até que um deles respondeu, todo orgulhoso: "Estou construindo uma igreja". Essa famosa analogia mostra como nem sempre a visão e a estratégia são bem-disseminadas entre os funcionários, que apenas cumprem sua função, sem saber qual será o resultado daquele trabalho.

Todas as empresas montam uma estratégia de negócios e as mudam após um tempo, em decorrência de uma situação interna ou do mercado. Isso é correto, partindo do princípio que a estratégia seja "comprável", tanto pela própria empresa como pelos clientes e acionistas. Há até empresas que contratam consultorias para fazer análise de força, fraqueza, risco, oportunidade (a famosa análise SWOT), o que também é correto. A grande dificuldade reside na disseminação de uma estratégia.

Porém, antes de saber como superar essa dificuldade, é preciso ter bem claro o que significa *estratégia*. Embora seja uma palavra muito usada no mundo corporativo, poucos sabem definir exatamente o seu significado.

Todas as empresas possuem uma visão e valores. Por exemplo, uma companhia aérea pode ter definido sua visão como a "empresa que irá vender passagens com menor preço do que os praticados pela média do mercado". Entre seus valores estão a ética, o respeito às pessoas e às comunidades ao redor e, primordialmente, a segurança dos voos.

Essa companhia resolve, então, utilizar aeroportos de cidades pequenas e aeronaves menores, fazer apenas voos locais, não oferecer refeições e, sempre que possível, promover funcionários de dentro da empresa em vez de procurar novos profissionais no mercado. Essas ações, que são as maneiras encontradas pelos executivos para diminuir o custo da empresa e assim oferecer o menor preço do mercado, constituem a estratégia que, em teoria, consiste em um plano de ação para implantar a visão, respeitando os valores definidos.

Quando trabalhei na Alpargatas, uma das estratégias definidas para reerguer a empresa foi diminuir o número de modelos. Isso porque, com a grande variedade que existia até então, mesmo que as lojas tivessem mais estoque e mais opções para o consumidor, o custo era muito alto. Na época, deu certo. Mas a estratégia é muito mais mutável que os valores e a visão. Tanto que, assim que a Alpargatas voltou a conseguir se reerguer financeiramente, foi possível novamente investir em modelos novos e outras concepções de produtos.

Definida a estratégia, é preciso que ela seja "vendida" internamente e vivida pela organização. Normalmente, quando se faz uma pesquisa de clima organizacional, as empresas que se saem bem possuem entre 75% e 85% de engajamento dos empregados. Uma das questões-chave a saber nessas pesquisas é quanto o funcionário conhece a estratégia. E o que se nota, na maioria dos casos, é que o conhecimento da estratégia costuma ser menor que o índice de engajamento. Eu chamo isso de absenteísmo mental, ou seja, a presença da pessoa ali se resume a seu corpo físico, realizando tarefas meramente operacionais, sem saber a razão do seu trabalho. Voltando ao exemplo que abre este capítulo: é óbvio que a motivação do operário que sabe que está construindo uma igreja é muito maior que a dos outros, portadores desse tipo de absenteísmo.

As empresas normalmente possuem mecanismos de controle para garantir a presença do funcionário, mas ainda não se desenvolveu algo que pudesse manter a mente do empregado no trabalho. Outro ponto geralmente desprezado na disseminação da estratégia é que os executivos, quando a comunicam, não a repetem com a frequência necessária, assumindo que todos os funcionários já sabem e assimilaram todos os componentes estratégicos. Mas na vida real, quando as pessoas ouvem pela primeira vez a nova estratégia, a tendência é acharem que se trata de um novo modismo e a desprezarem. Quando ela é repetida várias vezes, os funcionários já começam a pensar de modo diferente, gerando uma reflexão coletiva de que aquilo pode ser algo mais sério.

E existe uma frequência ideal para a estratégia ser apresentada? Isso vai depender do negócio, do número de funcionários, da complexidade; mas o que posso afirmar é que essas apresentações precisam ser constantes: é melhor errar pelo exagero do que pela omissão. E em cada uma delas, o ideal é sempre tentar enfocar um aspecto diferente.

Após as apresentações, o segundo passo é fazer com que a organização viva as estratégias. Isso depende muito da comunicação interna e da disposição dos altos executivos. Até uma propaganda na TV pode ser uma ferramenta nesse sentido; mas, nesse caso, a comunicação interna deve ser bem-difundida antes, ou corre-se o risco de a pessoa chegar à sua casa e a família saber parte da estratégia da empresa antes dela. Esse funcionário se sentiria, no mínimo, desconsiderado. Efeito reverso.

Quando entrei no HSBC, o banco passava por um momento em que uma das demandas era divulgar a estratégia da organização para todos os funcionários. Na época, eram quase 30 mil, espalhados pelo Brasil inteiro. Levei ao banco a metodologia do *Learning Map*, que consiste em trabalhar informações e conceitos de uma forma lúdica. Os funcionários recebiam um tabuleiro para montar, e nele havia o banco, o mercado, os concorrentes, os clientes etc. Então, era explicado, por meio de um jogo de cartas, o que os funcionários tinham de fazer naquele cenário.

Ao tema do projeto dei o nome de "Mãos à Obra", e a ideia foi atender desde o pessoal do caixa até o da tesouraria. Claro que foi preciso uma grande logística, capacitar um grupo grande de pessoas, que multiplicavam a informação. Os funcionários até hoje se lembram do dia que fui apresentar o programa, no primeiro evento, pois fui vestido de um macacão laranja e capacete de operário, em alusão ao nome "Mãos à Obra", pois achava importante que houvesse o máximo de elementos possíveis para chamar atenção.

O problema é que sempre é muito mais estimulante e charmoso criar uma estratégia do que disseminá-la, pois requer esforço e transpiração. Isso porque, além da comunicação bem-feita, é necessária a prática.

Para se conseguir supervisionar essa prática, é preciso investir para criar indicadores a fim de medir o resultado da estratégia. Alguns desses indicadores não precisam ser financeiros. É possível utilizar ferramentas como o famoso *balanced scorecard*, desenvolvido em 1992 pelos professores da Harvard Business School, Robert Kaplan e David Norton.

Os passos dessa metodologia incluem a criação de indicadores de desempenho, levando em conta aprendizado, conhecimento e processos internos. Por meio dela, são medidos o cumprimento dos prazos dos compromissos do plano de trabalho e da qualidade, além das metas financeiras, que podem ser mensuradas por números. Com os resultados aferidos, é possível saber onde se deve ajustar a estratégia, já que ela não deve ser alterada a todo o momento.

Convencer ou ser convencido

Uma maneira muito usada para se levar a estratégia a todas as filiais da organização, tanto para os clientes como para os funcionários, é por meio dos famosos *road shows* que, se bem-conduzidos, têm grande validade. No entanto, uma experiência que eu nunca vi em empresa alguma, mas que talvez fosse interessante, é a de se fazer um *road show* para ouvir dos funcionários qual seria sua sugestão de estratégia. Talvez não se conseguisse alguma ideia genial ou transformadora – se acontecer, ótimo –, mas a iniciativa facilitaria e muito o processo de engajamento.

Uma preocupação que sempre tive como gestor, nas minhas muitas apresentações para públicos dos mais variados, de até três mil pessoas, é a convicção no que eu estava apresentando. Quando surgia algum questionamento e eu tinha que dar uma resposta, sempre tinha de estar seguro que minha resposta também me convenceria. Caso contrário, teria que rever meus conceitos. Se o gestor não acredita no que está apresentando, é melhor recuar e fazer a lição de casa. É importante ter um comprometimento com a estratégia, para que ela não tenha vícios que a comprometam.

É muito comum algum diretor não concordar com a estratégia e, sendo voto vencido, sair para disseminá-la, ainda que contrariado. É outro desastre. Nesses momentos, é importante se convencer, ser convencido ou convencer o resto dos diretores de que sua visão é correta. Primeiro, a coerência entre a diretoria, depois, a disseminação.

Uma vez que a estratégia deu certo, a pergunta inevitável é: com que frequência deve-se trocar uma estratégia por outra? Aqui não existe uma resposta exata, e vai depender do ciclo do produto ou serviço da empresa. Porém, o que sempre defendo é que ela tenha a maior longevidade possível. Até porque é difícil e caro comunicá-la e disseminá-la de maneira eficiente. Normalmente, o ideal é ter a duração de ciclos entre um e três anos.

Por sua vez, alguns CEOs têm dificuldade de rever uma estratégia implementada. Às vezes, por ter comprado tanto aquela ideia pessoalmente e conseguir vendê-la tão bem, cria-se um apego exagerado. Principalmente se ela gerou os resultados esperados para a organização. Isso pode lhe custar o próprio cargo, pois é difícil conceber uma estratégia que tenha duração por tempo ilimitado. O questionamento constante da estratégia é importante para a sobrevivência do negócio e do próprio corpo diretivo.

4

A comunicação como ferramenta de engajamento

Quando eu já tinha 25 anos de carreira, tive um grande salto que posso atribuir ao fato de eu ter encontrado uma visão do papel real da comunicação para dar forma à gestão de pessoas. Na época, trabalhava na Alcoa e, na maioria das vezes, as intenções da presidência não conseguiam ser compreendidas pelos funcionários. Para tentar resolver isso, colocamos praticamente todos os processos e as intenções da organização dentro de uma roupagem. A partir daí, criamos um programa de comunicação arrojado, que servia como guarda-chuva, e tudo aquilo que antes eram apenas palavras e jargões de curso de administração de empresas passou a fazer sentido.

Em um primeiro momento, encontramos um mote, que foi muito feliz, chamado "Gente em Ação", o qual refletia o dinamismo e a energia que as pessoas podiam concentrar para obter os caminhos esperados pela empresa. Esse mote, que se tornou praticamente uma marca, tinha uma identidade visual, que foi "carimbada" em praticamente todos os processos de comunicação. Sua função principal era lembrar as pessoas das ações já tomadas e o que se esperava delas.

Isso tentava amenizar uma característica humana muito natural, que é esquecer o que foi feito. A tendência é apenas olhar para a frente, buscar novos passos – o que, claro, não é ruim; no entanto, a memória é algo importante para solidificar uma identidade, seja dentro de uma organização, seja em um país ou em uma comunidade. Até porque se apreende melhor tudo o que é relacionado a algum conhecimento prévio. Sem prestar atenção no que já foi feito, é como aprender trigonometria sem saber matemática – não faz sentido algum. Em outras palavras, quando se comunica o que já foi feito, se passa credibilidade para o que ainda é preciso fazer.

De maneira geral, os líderes empresariais sofrem justamente para conseguir essa credibilidade. Por isso, repetir tudo aquilo que foi feito no caminho certo e agregar valor à cultura da organização sempre traz um efeito positivo às novas ações necessárias. Fizemos exatamente isso e foi nosso grande pulo do gato.

Outra ação nossa foi tornarmos algumas datas do calendário organizacional "sagradas", como se fossem feriados nacionais. Assim, o evento de reconhecimento, que propositadamente caía numa data próxima ao pagamento de bônus ou participação de resultados, era tão esperado quanto o Natal; a virada de trimestres, quando se divulgava internamente – e, em alguns casos, externamente – os resultados obtidos (não só financeiros), era sempre festejada; e no fim do ano, quando se celebrava tudo o que havia acontecido e se analisavam os desafios para o próximo ano, era como um réveillon antecipado.

Para ter o efeito necessário, vídeos, fotos e textos eram produzidos de maneira exaustiva diariamente, para serem mostrados na hora certa, fazendo uma retrospectiva que ajudava muito na credibilidade da liderança.

Muitas empresas divulgam o que vão fazer, mas poucas comunicam e valorizam o que foi feito. Algumas talvez nem tenham o que valorizar, mas esse é outro problema. Se elas não têm um passado do qual se orgulhar, a comunicação é o fator menos preocupante. Boas organizações têm razões para ter orgulho de algumas ações que tomaram, e isso tem de ficar claro no dia a dia.

Outra ação importante nesse projeto era levar a sério as pesquisas de clima organizacional e também atrelar a comunicação a elas. Assim, quando algum pedido ou sugestão eram acatados e a empresa fazia uma ação baseada nisso, a comunicação dessa ação vinha com um carimbo (literalmente), lembrando que aquilo só foi realizado porque foi pedido ou sugerido por algum funcionário.

Em outras empresas nas quais trabalhei, criei um slogan voltado para as pessoas. Talvez o mais feliz deles, que eu usei em duas organizações, foi o "VOCÊ". Além do significado óbvio, de tentar criar uma empatia com cada funcionário, o "VOCÊ" era também um acrônimo:

- **V**ida – que incluía qualidade de vida, segurança no trabalho etc.
- **O**rganização – que continha estrutura, planos de salários, remuneração.
- **C**ompetência – que envolvia treinamento, desenvolvimento de carreira.
- **E**nvolvimento – que incluía divulgação de estratégias, comunicação.

Portanto, não se tratava apenas de um jogo de palavras, mas de ações concretas que permeavam o dia a dia dos funcionários, comunicadas de forma eficiente e divertida, ou seja, "engajadora". Mas esse engajamento nunca pode ser imposto, mas, sim, construído em conjunto.

Em um famoso discurso, o ex-presidente dos Estados Unidos, John Kennedy, soltou a célebre frase: "Não pergunte o que seu país pode fazer por você. Pergunte o que você pode fazer por seu país". É possível aplicar esse pensamento nas organizações também.

Antes de eu entrar para o HSBC do Brasil, a direção tinha um compromisso de transformar aquela em uma das melhores empresas para se trabalhar. Aí houve um erro estratégico, já que as pessoas achavam que a direção iria transformar aquele ambiente no melhor dos mundos. Isso acabou gerando mais um espírito crítico para as deficiências por parte dos funcionários do que a mobilização para se criar um ambiente de trabalho melhor.

Quando entrei, procurei deixar claro que, para chegar ao nosso objetivo, era preciso um trabalho conjunto, não algo imposto de cima para baixo. Até porque existem relações que não são controladas pela direção da empresa e que influenciam diretamente para o ambiente ser ruim ou bom. Isso exigiu muitos malabarismos na comunicação da estratégia para explicarmos ao funcionário a crença principal: "você faz a diferença". Tínhamos de mostrar que eles não eram agentes passivos, mas ativos da transformação.

Buscamos uma linguagem bem acessível para que todos se envolvessem, colocando a organização como uma estrada que iria levar ao ponto de chegada, mas quem iria trilhar essa estrada era cada pessoa. Nós mostramos, então, como rodar com segurança por essa estrada, que, como na vida real, contém regras a serem seguidas, como velocidade, leis etc. Tínhamos de fazer com que as pessoas paradas no acostamento, esperando alguma propulsão mágica de fora, acelerassem por si só.

Nesse processo aprendi que a comunicação tem um papel fundamental para que as pessoas possam entender o que é esperado delas e como é a forma de se movimentar dentro dessa estratégia.

Esses foram alguns exemplos, mas não existe uma fórmula válida para todos. Cada organização tem que fazer o diagnóstico adequado para entender a melhor maneira de se comunicar com seu público interno. Isso não está disponível integralmente em manuais, porque tem que ser desenhado de acordo com o momento daquela organização. E mais: nunca deve ser desconsiderada a comunicação passada e os eventuais acidentes que já aconteceram, para que o novo programa de comunicação não comece com os mesmos defeitos e nem seja questionado logo no início.

Antes do princípio de um novo processo, a inteligência estratégica da liderança deve se concentrar de maneira dedicada a fazer a leitura do cenário atual e do passado.

5
Correr para não chegar

Assistindo a um jogo no Estádio do Morumbi, do meu time do coração – o São Paulo Futebol Clube – contra o Botafogo do Rio de Janeiro, tive uma epifania. Era uma partida importante, valia o Campeonato Brasileiro, e o time dependia muito do seu principal craque, que vestia a camisa número nove. O atacante parecia estar motivado, se esforçava, corria, dava carrinho, mas nunca chegava na bola. Ou chegava de modo espalhafatoso, sem concluir as jogadas com um resultado proveitoso. Havia alguma coisa errada. Logo a torcida foi se impacientando, e começaram as vaias. Final do jogo: 2 a 0. Para o Botafogo.

Saímos do estádio com aquela sensação de que algo estava errado com o nosso craque. Se num primeiro momento parecia que ele estava se esforçando durante o jogo, depois ficou a sensação de que ele apenas corria para não chegar a nada. Chegamos a pensar que o centroavante poderia não ter dormido bem na noite anterior, mas reagiria nos próximos jogos, o que não aconteceu. Agiu da mesma forma. Corria sempre para não chegar na bola. Cogitamos que deveria estar com salário atrasado ou algum problema físico, mas logo soubemos pela imprensa que seu problema era com o técnico. Ele não acreditava no esquema do seu comandante e em seu autoritarismo ao comandar a equipe.

Esse cenário, de modo similar, acontece também nas empresas. Em determinadas situações em que é necessário o envolvimento dos funcionários, as equipes de liderança às vezes também correm para não chegar. Isso acontece por terem dúvidas em relação à estratégia a ser implementada e em relação à meta a ser alcançada, ou por se sentirem injustiçados quanto à remuneração, dentre muitos outros motivos. A razão disso é algo difícil de ser detectado pela direção da empresa, pois muitas vezes há um aparente esforço das equipes, por longas horas de trabalho, mas que não atingem as metas traçadas na estratégia da empresa. E nem sequer passam perto delas.

No entanto, o problema é identificável. Muitas vezes ele se mostra em pequenos detalhes, como em manifestações nas reuniões, com perguntas de caráter ambíguo. Por exemplo, o gerente insinua que "o pessoal tem falado" que a organização está em crise, se é verdade que haverá cortes... Nesse momento, é muito importante mapear o rastro desses boatos. Quem está falando? Falando o quê, exatamente? Não se pode ignorar, pois, seguindo esse rastro, é possível identificar a sua própria deficiência de comunicação e propagação da estratégia. Há outros fatores de identificação, como a baixa participação em eventos, a ausência de perguntas e o próprio silêncio do dia a dia.

Essa situação não é privilégio de nenhuma empresa, mas são raras aquelas que identificam e dão importância a esses sinais de falta de comprometimento. Em um primeiro instante, a alegação para essa ausência de motivação é que não se tem informação suficiente para representar isso diante de clientes, funcionários e fornecedores. O fato é que quase sempre as informações estão disponíveis, só que não agradam ou não convencem as lideranças a levá-las adiante para suas equipes.

Após esse diagnóstico, é necessário que se crie uma identificação dos funcionários com a sua diretoria, para que essa possa mobilizar seu "exército" a fim de superar os desafios. Sem isso, a tendência é que a falta de motivação cresça e só seja identificável quando ocorrer uma crise aguda nos resultados. Mas como fazer isso?

Respeito não se consegue de um dia para o outro

Para resolver esse problema, é preciso que se faça uma leitura adequada da situação e se crie um processo de comunicação pessoal, calcado em uma história de respeito anterior. Não adianta um líder chegar e tentar ganhar respeito no meio de uma crise ou de uma situação em que precisa impulsionar a organização. O respeito, assim como a confiança dos funcionários, são conquistados por meio de ações e exemplos coerentes, ao longo de um tempo. E, para convencer os funcionários, esses exemplos devem ser considerados legítimos e não apenas subterfúgios para agradar ou convencer outras pessoas a fazer determinada tarefa ou seguir o caminho que o líder quer impor. Um gestor – não necessariamente carismático – que tenha o respeito verdadeiro dos seus funcionários, consegue a mobilização.

No início da minha carreira, em Sorocaba, pude observar uma greve, com piquetes que impediam quem quisesse trabalhar, e notei como se saíam as lideranças diante disso. Foi um ótimo "laboratório" para eu entender onde me encaixaria se estivesse envolvido naquela situação. Na mesma greve, em dois dias diferentes, observei duas cenas emblemáticas.

A primeira foi a atuação de um líder de Recursos Humanos que subiu ao ônibus dos grevistas para tentar convencê-los a voltar ao trabalho. Em meio às negociações, um dos operários disse: "Você nunca conversou conosco, nem mesmo nos cumprimentava, e agora vem pedir para nós voltarmos?". Claro que a negociação não foi bem-sucedida. Dois dias depois, ainda na mesma greve, um ex-diretor de Recursos Humanos, que havia sido destituído da função pouco tempo antes, por questões políticas, e colocado em um cargo de gerenciamento de "projetos especiais" – ou seja, tinha sido colocado na "geladeira" – agiu de maneira bem diferente. Ao chegar à fábrica e assistir a um piquete no estacionamento, ainda um pouco cabisbaixo por ter sido preterido na gestão, virou um tambor de lixo vazio e subiu nele. Em seguida, conclamou o pessoal a voltar, com base nas práticas, na história e em tudo o que a empresa já havia entregado a eles. Quando ele desceu do tambor, abriu o portão e entrou na fábrica, todos o acompanharam.

Naquele momento, fiz uma pergunta para mim mesmo: qual dos dois eu gostaria de ser na minha carreira? A escolha foi muito simples, mas sabia que aquilo exigiria de mim, sempre, uma atitude coerente para que as pessoas me seguissem. Não poderia me pautar em ações momentâneas e oportunistas. Eu não podia ter uma admiração apenas pelo título do meu cargo.

Todo mundo que começa uma carreira de liderança em uma empresa deveria fazer esse tipo de questionamento. Eu estou preparado para exercer um papel de relevância e me doar integralmente para isso? E aqui não me refiro ao preparo técnico e educacional, mas sim de doação do tempo de trabalho, para que esteja envolvido com as pessoas. E esse tempo que vou doar irá soar verdadeiro ou apenas como uma forma de obter o sucesso?

Claro que a escolha de ser autêntico e de defender seus valores pessoais pode ter um preço, como bater de frente com os valores da própria empresa em que trabalha. Muitas delas até divulgam valores interessantes, mas que na prática não são seguidos. Eu tive a sorte de ter chefes com quem sempre me identifiquei, tanto nos aspectos de relacionamento com os funcionários como no desenvolvimento de produtos e valores.

A questão central é que o executivo não pode ser um ator na sua carreira, mas seguir um papel idêntico ao que é na vida real. Até porque a empresa é vida real, e ele não está lá para interpretar um personagem. Essa autenticidade é um dos fatores que levam ao sucesso, tanto pessoal como dos projetos implantados. O presidente norte-americano Abraham Lincoln disse uma vez: "Pode-se enganar a todos por algum tempo; pode-se enganar a alguns por todo o tempo; mas não se pode enganar a todos todo o tempo" – até porque, em algum momento, a máscara cai.

6
Não deixe que sua empresa acabe em pau e pedra

Logo após os Estados Unidos lançarem o primeiro ataque nuclear da história da humanidade, que deixou a cidade japonesa de Hiroxima arrasada, em 1945, perguntaram a Albert Einstein como ele imaginava que seria a Terceira Guerra Mundial. Quais armas seriam usadas naquela ocasião? Ele respondeu: "A Terceira eu não sei, mas a Quarta, com certeza, será com paus e pedras".

Tentando adaptar essa frase para o mundo empresarial, dá para dizer que a grande maioria das empresas que prosperam nasce com boas intenções, com uma boa ideia e um bom negócio. No início, a organização é muito simples, sem níveis hierárquicos. Quando chega a ter entre 50 e 150 pessoas, elas normalmente se organizam por funções e os donos têm um controle grande do que se está fazendo.

A partir disso, a empresa enfrenta os primeiros passos mais críticos, vivendo diariamente o dilema entre o crescimento e a estagnação daquele negócio. Nesse momento, quase sempre os empresários veem uma oportunidade para crescer. E, então, começa uma fase em que os donos já não conseguem enxergar tudo o que acontece na organização, em que os controles precisam ser aumentados, e as funções de suporte (administração financeira, de estoque de materiais, Recursos Humanos e tudo que não envolve produção e vendas) crescem muito e ganham muita importância.

Há uma departamentalização, e a sensação inicial, nesse momento, é boa para os donos e funcionários, já que é sentido por todos aquele clima de empresa grande, de ordem e solidez. Atualmente, com a ajuda de sistemas e softwares de gestão, o desenvolvimento é rápido. Mas a fase do mal-estar não demora a chegar, já que tudo fica mais burocratizado, mais lento, pesado, com custo mais alto.

Em uma próxima etapa, quando se decide a criação de unidades de negócio, para oferecer novos serviços, dar uma independência a cada setor da empresa ou propiciar destaque a certos produtos, os processos ficam ainda mais complexos. Começa uma disputa por reconhecimento entre as unidades por parte da matriz, a burocracia aumenta para aprovação de projetos e a duplicação de estruturas começa a se tornar um peso, até em termos de custo, pois funções passam a ser repetidas nas várias unidades.

O que se segue é um novo ciclo de governança – quando se tenta enxugar essas estruturas –, que também começa com entusiasmo, embora sempre sofra alguma resistência. Depois, a tendência é que vá sofrendo cada vez mais desgastes. Esses ciclos são muito desafiadores, pois, mesmo com todos os softwares de gestão, teorias organizacionais e evolução tecnológica, o risco é de a empresa terminar em pau e pedra.

Isso porque normalmente não está previsto nessas teorias o comportamento humano não controlável. A competição interna de egos, por exemplo, que torna a empresa mais lenta, faz com que esta possa perder espaço para concorrentes mais ágeis, o que torna o sucesso muito mais complexo de ser alcançado do que lá no começo, com estruturas simples.

É óbvio que não estou dizendo que o crescimento seja algo ruim. Ele é necessário e bem-vindo para a longevidade do negócio. Mas com todos esses desafios, o que fazer? Uma vez perguntei a um consultor de uma grande empresa norte-americana, a qual estava indo muito mal, como aquela empresa não quebrava. Ele me falou que a empresa resistia porque era difícil destruir uma empresa de valor bilionário – a empresa valia cerca de 25 bilhões de dólares. A questão é que demora, mas acontece. E cada vez mais rápido. Hoje essa empresa já foi vendida, reestruturada e perdeu muito seu valor de mercado.

Correr mais que a concorrência

Toda a organização terá tempos bons e ruins, e ela tem que estar preparada para lidar com isso. Geralmente, quando o negócio de uma empresa vai mal por causa de uma situação de mercado relacionada ao produto ou serviço oferecido por ela, todos os concorrentes também estão na mesma situação. A questão é estar bem-estruturada para não perder espaço para a concorrência.

Quando o sistema de produção japonês estava ameaçando a indústria norte-americana, uma brincadeira muito ouvida na época, e que depois se tornou popularmente conhecida, dizia assim: Um japonês e um norte-americano tinham ido caçar na África e, numa pausa, resolveram se refrescar em uma cachoeira; então, um leão faminto começou a correr em direção a eles. O norte-americano então saiu correndo, enquanto o japonês resolveu calçar o tênis. Aí o norte-americano disse: "não adianta calçar o tênis, você não vai conseguir correr mais rápido que o leão". Ao que o japonês respondeu: "não quero correr mais que ele, quero correr mais que você".

Essa fábula ilustra que, durante a crise, o importante é estar mais bem-preparado que o seu concorrente, já que ela será inevitável. Mas como fazer isso após um grande crescimento da empresa? Como controlar todas as estruturas e fazer todos os setores funcionarem, para que tudo não desabe?

Um privilégio dos grandes executivos e empresários é que as informações relacionadas à economia, política e mercado chegam a eles com antecedência. Muitas vezes eles têm acesso a dados sigilosos que nem chegam ao público geral. Essas informações vêm por meio de contatos pessoais, relacionamentos profissionais e políticos, entidades etc. No entanto, a diferença do executivo bem-sucedido é que este consegue racionalizar essas informações, transformá-las em fonte de orientação e de tomada de decisão. Assim, torna possível melhorar sua estratégia, seu portfólio e sua organização.

Frequentemente, uma visão externa ou do âmbito da empresa proporciona a utilização desses ciclos de maneira adequada, buscando um equilíbrio entre as várias maneiras de organizar. Isso faz com que a empresa se torne saudável e esteja sempre atualizada, e não lenta e conservadora. E para lidar com os tais egos, que também são um fator de atravancamento da organização, é preciso incorporar a humildade na leitura de informações e na postura ao tomar decisões. Sem essa humildade, a tendência é achar que se está sempre certo, por causa da embriaguez proveniente de um sucesso temporário, quando, muitas vezes, é preciso reconhecer os erros.

Essa humildade tem que permear toda a estrutura interna da organização, até porque jogos internos consomem muito tempo e estrutura para exposição correta da visão de mercado, capacidades e fraquezas do negócio. Há muitas histórias de sucessos e fracassos. O que se precisa é ter a sensibilidade para se usar os modelos organizacionais mais adequados.

Intuição e imaginação

Trabalhei em empresas muito bem-estruturadas, com boa base de dados, que continham todas as informações necessárias para se montar uma boa estratégia. Nenhum negócio pode viver sem isso. No entanto, apenas isso nunca assegurou o sucesso de uma tomada de decisão estratégica. A intuição e a imaginação sempre foram fatores importantes para agregar valor ao negócio.

Isso porque, ao se fundamentar apenas na base de dados, por melhor que ela seja, o executivo estará olhando para o retrovisor, pois ela sempre se refere ao passado. A decisão tomada com base nesses dados é totalmente justificável, o que se torna uma ótima desculpa para o fracasso. O gestor pode argumentar: "Quando resolvi investir em um projeto 'x', tinha esses dados. Só que a economia mudou, o preço do barril do petróleo caiu...". Sempre há um grande número de variáveis que pode justificar praticamente tudo.

No entanto, quando o executivo da empresa usa a intuição e a imaginação, após respirar o oxigênio da base de dados, está assumindo um risco. Essa decisão só é viável para dirigentes que têm história de sucesso, ambição e uma visão que vai além do que está disponível. Hoje se utiliza muito nas empresas a expressão norte-americana "extra mile", quando se espera que um funcionário dê algo a mais no seu trabalho. Mas pouco se fala que o executivo tem de enxergar "extra miles" do futuro do negócio.

Decisões bem-fundamentadas muitas vezes só servem para explicar o que não deu certo ou manter os resultados positivos causados por uma boa fase da companhia. Afinal, trabalhar com todo o dinheiro e toda a tecnologia disponíveis, gastando acima da concorrência, é fácil. Não requer talento, visão nem ação. Apenas disciplina. Difícil é planejar a geração dos próximos passos da estratégia.

A criatividade tem um fundamento de inspiração e também muito de cópia e adaptação à característica do seu negócio, o que não é ruim. Mas para isso é importante que o executivo siga com determinação no caminho que ele imaginou e viva essa estratégia até o limite da sua entrega.

A área de avaliação de riscos tem crescido de maneira impressionante, e a busca por conselheiros da administração quase sempre é permeada por pessoas experientes, que vão dar os alertas de quando se deve tomar cuidado. No entanto, não se tem buscado para os Conselhos de Administração pessoas com perfil de consumidor. E não estou falando aqui de indivíduos especialistas no conceito do consumo. Estou me referindo ao real consumidor. Muitas empresas criam comitês de consumidores para avaliar seus produtos e serviços, mas o filtro de chegada dessas informações até o Conselho de Administração, para que se determine a tomada de decisão, faz com que muitas das principais observações se percam no caminho.

Não ter essa visão de futuro pode causar distorções claras. No momento em que escrevo este capítulo, a Volkswagen do Brasil, por exemplo, empresa na qual trabalhei por muitos anos, tem no mercado três carros para o mesmo segmento popular: o Gol, o Fox e o Up!. Uma das razões é sua vocação do passado para carro popular, expresso até no nome da companhia. Olhando só para o passado, a distância para a primeira colocada no país só tem aumentado. A criação da estratégia deveria vir antes da criação dos modelos. Claro que esse não é o único fator de insucesso da empresa, mas é importante.

De que maneira o executivo exerce a credibilidade que ele tem, para que o acionista ou o conselho deem a ele a liberdade para assumir um risco de geração de valor para o negócio? Sendo aprovada, como ele irá colocar em prática a estratégia sem pôr em risco os valores fundamentais do negócio? E a sorte, é necessária?

Começando a resposta por essa última pergunta, claro que também é necessária uma dose de sorte para que a estratégia dê certo, assim como tudo na vida. No entanto, essa sorte só virá se o executivo estiver focado no negócio. Vou dar um exemplo em que eu estive envolvido, para tentar responder a essas questões. Quando trabalhei na Alpargatas, a empresa era responsável, assim como ainda é, pela marca Mizuno no Brasil. Na época, 70% dos componentes desse tênis vinham do Japão, e 30% eram produzidos aqui. Pagava-se um *royalty* muito alto. E a grade de produtos que chegava tinha dois problemas fundamentais: cor e numeração. Dava a impressão que todos os tamanhos que não eram vendidos no Japão eram despachados para cá. A quantidade de números 43/44 era desproporcional. E era preciso se desfazer daquilo em oferta, o que baixava o valor do produto.

Naquela situação, a conclusão da Unidade de Negócios foi encerrar o acordo com os japoneses. Outra solução levantada na discussão era a de renegociar o pagamento dos *royalties*, mudar a grade de tamanhos e cores e criar um mix de produção no Brasil. Uma vez chegada a essa conclusão, explicaram isso para o CEO da empresa. Muito corajoso, ele escolheu a segunda opção e negociou com o pessoal do Japão, e foi muito bem-sucedido em todos os âmbitos.

Nesse mesmo instante, a Nike, que era líder de mercado, havia perdido o produtor da marca no país. A Reebok também passava por problemas na época. As duas marcas resolveram, então, concorrer, colocando preços menores em seus tênis, que custavam um terço do valor do Mizuno. Nesse momento, criamos uma estratégia de comunicação para convencer o consumidor de que o Mizuno era um tênis de alta tecnologia, especial para correr e, por isso, mais caro.

Uma característica do consumidor de tênis do Brasil é que ele adora comprar um produto mais caro que os outros. Pode-se dizer que tivemos sorte, já que adotamos uma nova estratégia e colocamos um valor de mercado para um tênis que, na época, custava o mesmo que uma televisão. E, mesmo assim, decolamos e fizemos o Mizuno ser um tênis de sucesso no país até os dias de hoje.

A sorte só coroou a coragem em adotar uma nova estratégia – em vez de abandonar o produto. Sem essas decisões arriscadas, a visão de futuro e a redefinição da estratégia, a sorte não ajudaria em nada. Quando se faz a coisa certa, a sorte aparece.

7

Coragem e carisma, dois lados de uma mesma moeda

Na minha observação da vida de negócios, percebo que na empresa, e em sua própria consciência coletiva, os executivos principais sabem o que deve ser feito a respeito da estratégia e do seu encaminhamento. Não há algo oculto, que os surpreenderia como uma grande sacada, que mude para melhor os rumos do negócio. Essas grandes sacadas são raras e, normalmente, só adicionam ingredientes àquilo que os gestores já sabem e colocam em prática.

Então, onde reside o problema? Quais são as dificuldades que podem impedir que tudo saia bem, conforme o planejamento?

Em primeiro lugar, é preciso considerar que ninguém opera no seu nível mais elevado de conhecimento adquirido ao longo da carreira e da formação acadêmica, mas um ou dois níveis abaixo. Isso não é problema se o executivo tiver coragem de seguir com determinação pelo caminho que ache correto e de tomar decisões difíceis, que normalmente são ligadas a pessoas, estruturas e posições no organograma da empresa. Se o time correto não é escalado e nem sua dimensão é bem-calculada, a chance de uma perda de sinergia é grande. A coragem vem da experiência, do conhecimento da organização e, muitas vezes, da pressão exercida pela melhoria ou sobrevivência do negócio. Mais à frente falaremos sobre esse último caso, quando tratarmos sobre como lidar com crises. Adianto que é muito mais saudável a leitura antecipada de mercado, para que a coragem seja usada em uma atitude preventiva, e não de emergência.

Os cargos executivos são normalmente confortáveis, e é possível permanecer ali por dois ou três anos sem trazer o resultado esperado. A falta de coragem muitas vezes vem dessa acomodação, mas também vem da falta de confiança na decisão a ser tomada. É importante o executivo ter em mente que a dúvida sempre irá existir e que seu sucesso será consequência de um julgamento correto. Alguns pecam pelo excesso de confiança e por conta de atitudes extremas, tanto ao ser condescendentes com algumas pessoas que não estão em condições de ter o desempenho esperado no negócio como no julgamento precoce e no desligamento de pessoas que não tiveram oportunidades para ter o desempenho adequado.

Os sistemas de avaliação e desempenho têm um alto grau de subjetividade. Mesmo quando se faz a avaliação de desempenho voltada exclusivamente para meritocracia e resultados, ainda assim existe uma margem de erro. Também é preciso olhar para o desenvolvimento do negócio. O tempo de maturação em alguns casos é alto, então é preciso paciência para que os resultados apareçam, mesmo com os ciclos de negócios cada vez mais apertados. Há ainda outros fatores a se considerar na dificuldade de avaliação do desempenho, como as condições de mercado, a economia e o comportamento do consumidor. É difícil definir o impacto dessas mudanças no objetivo estabelecido.

Na minha vida, joguei muito tênis. E para os praticantes desse esporte, assim como de outros, como o golfe, o empenho diário na prática propicia uma melhora significativa na técnica. No entanto, um célebre tenista norte-americano chamado William Tilden – que foi o número um mundial durante sete anos e dominou o esporte durante a década de 1920 –, disse uma vez o seguinte: “Para aprender a jogar tênis, a pessoa leva cinco anos; mas ela só se torna tenista depois que joga tênis por cinco anos”. Em outras palavras, existe uma diferença entre quem gosta de jogar e quem tem os comportamentos adequados, mais segurança e tira o maior proveito da técnica adquirida até então. É que não se vira tenista do dia para noite.

O aceleramento da maturação pode causar danos substanciais à empresa. Por sua vez, as organizações que colocam foco na formação do talento, e não no resultado, acabam movendo pessoas, ou por meio de promoção ou por mudança de setor, com uma velocidade que não permite que esses talentos colham seus próprios resultados. Essa cultura de movimentação rápida faz com que as pessoas busquem resultados imediatos, tanto pessoais como para o grupo. Essa busca por resultados rápidos foi uma das causas da crise financeira de 2008 nos Estados Unidos, pois o pagamento por metas de curto prazo criou vícios que colocaram os negócios e o país em posição de fragilidade.

Ao lado do aspecto da coragem, outra dificuldade entre os executivos diz respeito aos processos. Um problema que aparece nesse quesito são as lideranças carismáticas. A princípio, muitos consideram o carisma como uma característica positiva, associada à simpatia, ao bom humor e ao clima leve. Mas não é. O carisma pode ser o lado oposto da coragem e extremamente prejudicial. Os líderes carismáticos embriagam os seus liderados em um direcionamento que, muitas vezes, não é consistente dentro de um processo. A empresa se desloca apaixonadamente em uma direção, sem ter construído uma estrutura que lhe dê a certeza de que seus processos são eficientes e sem que possa criar fundamentos para o sucesso. Tudo é baseado em sonhos, sem uma racionalização adequada.

Outro problema causado por gestores carismáticos se dá no momento da sua substituição. Normalmente, são deixados "viúvos" daquele líder, que trabalhavam mais pelo carisma do que pelo processo instalado. Isso acaba ajudando a deslegitimar o sucesso do seu substituto. O líder carismático tem de ter, em primeiro lugar, consciência do seu poder de encantamento. Por ser uma figura mais admirada do que necessariamente sensata, pode conduzir seu pessoal a não questionar possíveis decisões que têm potencial de erros graves. Por isso, deve tentar enquadrar ao máximo suas decisões aos processos e preparar o ambiente para sua eventual substituição. Até porque o acionista da empresa prefere que o negócio seja conduzido por profissionais competentes, com uma boa relação com as pessoas, do que por lideranças cujas maiores características sejam o carisma e a simpatia.

Eu mesmo sou uma pessoa carismática. Quando era mais jovem, isso acabou sendo um elemento alavancador da minha carreira, mas também poderia ter sido aquilo que a encerraria, se eu não tivesse tomado os cuidados necessários. Em alguns casos, isso foi prejudicial aos meus sucessores, principalmente aos que tentavam competir com meu estilo carismático. Mas em outros casos, tive a sorte de ser substituído por pessoas que colocaram uma estrutura que pudesse sustentar os sonhos que eu havia plantado, com disciplina e técnica bem-embasada de implantação dos processos.

Há no mercado uma série de ferramentas que podem ser aplicadas para montar e monitorar processos eficientes, mas em muitos casos não se considera o tempo necessário para implantá-los, visando apenas os resultados rápidos. A pressão pela velocidade da implantação traz um risco considerável de fracasso.

Portanto, “saber como fazer” exige não apenas um conhecimento de gestão variado e profundo, mas está ligado à coragem e ao estilo de condução. Não existe mal algum em não saber exatamente como fazer algo. O primeiro passo, e talvez o mais difícil, é admitir que não se sabe, e, depois, buscar outros conhecimentos que a organização não tenha, onde quer que estejam disponíveis – seja em consultorias, seja em mentores ou ainda contratando pessoas experientes – a fim de agregar o que falta ao caminho necessário para o sucesso.

8

A beleza dos fogos de artifício é efêmera

Praia de Copacabana, Rio de Janeiro, Réveillon. O espetáculo de fogos, que dura vários minutos, deixa boquiabertos todos os turistas que lotam as areias. Na cabeça de muitos daqueles milhares de pessoas, as cores exuberantes e as explosões sem fim no céu transmitem a energia necessária para se começar o ano de maneira renovada. É a motivação que faltava para que os próximos 365 dias sejam muito melhores do que os que transcorreram. No entanto, quando a ressaca passa e a rotina chega, a empolgação dos fogos, da festa e todo aquele desejo de mudança acabam ficando esquecidos embaixo do tapete da realidade. Se não há planos concretos, uma estratégia bem-definida ou uma ação bem-calculada, a chance de uma real mudança é quase nula.

Nas empresas não é diferente. Um dos maiores problemas na mobilização dos funcionários de uma organização é a repetição contínua de projetos, de estratégias e até de vocabulário. Isso gera um tédio em quem está envolvido e as pessoas não conseguem ficar genuinamente motivadas. O que falta é a imaginação, a criatividade e a inspiração para o novo projeto.

Um erro comum nesses casos é o excesso de "pirotecnia", um "oba-oba" momentâneo que é insustentável. E então, assim como os fogos de artifício, a empolgação acaba no final da madrugada. Só que no lugar de fogos, se produz banners, camisetas, bonés, objetos de mesa, calendários. E a empresa acaba ficando refém disso, já que voltar atrás num projeto malplanejado significa um retrocesso e uma perda de credibilidade na cultura da empresa. Pior do que fazer um projeto que não dá resultados, é ter de refazê-lo.

Por sua vez, a estratégia também não pode ser monótona e sem capacidade de encantar e "embriagar" a organização para que a energia despendida seja menor, porém mais produtiva. Muitas estratégias têm o desgaste de conviver com o excesso de processos, com foco nebuloso, buscando apenas o resultado pelo resultado, sem uma proposta de transformação pela qual as pessoas possam se apaixonar. Esse tipo de pensamento é o que chamo de "estratégia da salvação".

É evidente que ninguém se mobiliza apenas pela salvação. É muito mais interessante uma proposta de mudança na qual as pessoas vejam sentido e longevidade, e que possam contar, com vibração, para amigos ou familiares, que estão participando de um momento mágico da organização. Claro que o resultado nunca pode ser desconsiderado, mas se ele traz um caminho que amplifica a magnitude do que a equipe está produzindo, o engajamento é muito mais fácil. O ideal é produzir resultados, sim, mas com imaginação.

Como se chega a isso?

A dificuldade está em achar pontos na estratégia que realmente façam sentido na mobilização. Por exemplo: a organização traça como meta de engajamento dos funcionários se tornar a melhor empresa do segmento. Mas se ela está muito longe disso, e se trata de apenas um jogo de palavras pelo qual transmite um sonho impossível, a motivação dos funcionários será próxima a zero. É como prometer a um time de futebol que está à beira de ser rebaixado para a segunda divisão, faltando apenas algumas rodadas para acabar o campeonato, que se todos se esforçarem e "vestirem a camisa", ainda há chances de ser o campeão.

Em um primeiro momento, os jogadores até poderão se sentir prestigiados, mas, ao refletirem, logo perceberão que é apenas papo-furado, que eles não têm a menor chance, que milagres não existem. Da mesma forma, motivar esses jogadores a apenas salvar o time talvez não seja a estratégia correta. Um projeto que mostre um caminho de médio prazo, passo a passo, para transformar aquele time em um grupo vencedor, resgatar sua história, mostrar como o clube valoriza seus ídolos, é mais adequado.

Da mesma forma, nas organizações, é preciso criar na imaginação das pessoas um sonho que seja realizável, nem que seja a longo prazo. Algo que tenha lógica, que faça sentido e, além de tudo, tenha charme, cative aqueles que devem fazer parte daquele projeto. Esse sonho normalmente não apenas agrega valor ao negócio, mas também à carreira das pessoas, pois cada funcionário que participa desse plano maior, se um dia quiser mudar de emprego, poderá incrementar seu currículo com esse *case*. E é bom frisar que toda empresa tem capacidade de criar esse tipo de sonho, mesmo as que estão "quebrando".

Meu currículo se vale muito desses projetos de sonhos implementados e, muitas vezes, alcançados. Por exemplo, passados mais de 20 anos, ainda me sinto associado ao projeto de reestruturação da Alpargatas. Tenho muito orgulho desse projeto e ainda me refiro a ele como se fosse meu. É importante lembrar que, naquela época, a empresa estava quebrada. Tivemos de eliminar diversos produtos que não estavam dando certo. Já hoje, quando estou no exterior e vejo várias sandálias Havaianas na vitrine, ou quando vejo as propagandas na TV e as lojas próprias da marca nos shoppings, eu me sinto parte da realização desse sonho. E não tenho a menor dúvida de que isso ajudou a alavancar a minha carreira.

Portanto, é preciso fazer o diagnóstico certo e aplicar a dose precisa do remédio. E isso varia de organização para organização e de situação para situação. Há muita gente capaz para fazer isso. Não se deve envolver apenas a área de Recursos Humanos, mas também a de Comunicação, de Negócios etc. E é preciso, além de tudo, ter uma liderança reconhecida, e não apenas estabelecida. Só com um *brainstorming* coletivo é possível chegar nessa imaginação produtiva. E esta normalmente não vem do corpo diretivo, mas da base da organização.

Outro ponto importante nesse processo é amarrar todas as pontas de todas as ideias, em todas as áreas. Daí a necessidade do envolvimento de profissionais de diversos setores da empresa, pois um único nó solto pode deixar escorregar todo o projeto.

Uma vez participei de um projeto de transformação no qual a ideia era dar foco no atendimento ao cliente. Pessoas foram tiradas das funções burocráticas, a fim de ficarem disponíveis para atender. Um site específico com esse fim foi criado, com toda a funcionalidade necessária. Tudo parecia quase perfeito. O conceito era maravilhoso, mas esquecemos de direcionar para essa renovação o contato telefônico. Com a demanda aumentando, as pessoas ligavam e não conseguiam falar com ninguém. O projeto, que em seu lançamento lotou um hotel e trouxe palestrantes motivacionais, logo perdeu toda a credibilidade; os resultados não vieram e os funcionários desanimaram.

Casos como esse acontecem muito. Há uma equação, elaborada por um ex-chefe da área de qualidade e treinamento, Tom Carter, responsável em dar suporte a mudanças globais na Alcoa, que resume bem tudo isso e mostra como todos os nós devem estar muito bem-amarrados:

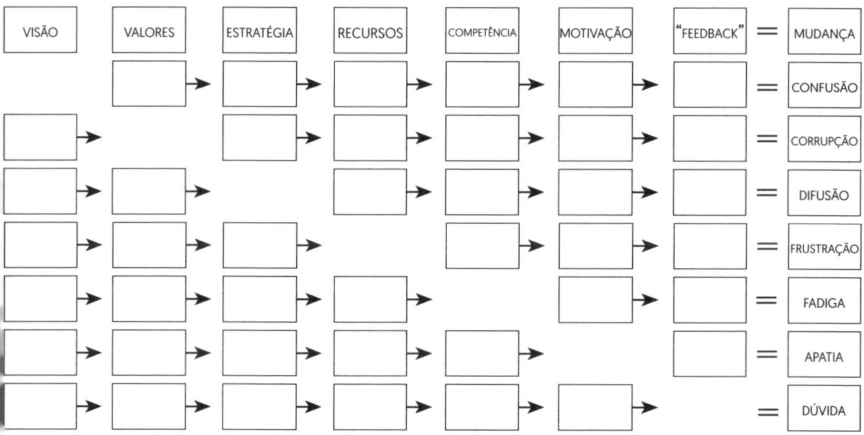

9
Se você não sabe para onde vai, não motive seu pessoal

De modo simplório, como funciona boa parte das grandes empresas nos dias de hoje em relação aos seus funcionários? Um presidente tem uma grande ideia e acha que as pessoas são os ativos mais importantes da empresa, escreve isso nas diretrizes básicas da organização etc. Mas os diretores – um nível hierárquico abaixo – e os gerentes e supervisores – dois a três níveis abaixo – acabam fazendo uma "censura" nas informações do presidente, até porque reter informação acaba sendo fonte de poder de maus líderes dentro de uma empresa.

É nesse segmento da organização que muitas vezes se perdem a filosofia original, as principais diretrizes e a valorização das pessoas. Meu papel sempre foi desbravar essa mata para garantir que o pensamento estratégico da empresa chegasse a todos os seus funcionários. Em cada projeto de que participei, fui obrigado a abrir caminhos para que essa filosofia se difundisse na organização. Afinal, todos os funcionários precisam conhecer os princípios e os valores da empresa – e a estratégia decorrente para se engajarem todos na mesma direção; e não apenas serem motivados a gerar mais resultados. Como me dizia um presidente de uma grande organização, "se você não sabe para onde vai, por favor, não motive seu pessoal".

No meio desse matagal, existem líderes que não conseguem legitimidade entre sua equipe, e aí a coisa emperra. E o que faz, na maioria das vezes, com que o presidente da empresa emperre é: tomar café com seus funcionários uma vez por semana, chá com o gerente, rodar o país espalhando a notícia de que daqui pra frente tudo vai ser diferente etc. Enquanto isso, a mensagem que chega para quem está distante da filosofia original é a seguinte: "blá-blá-blá, isso não vai mudar nada, não tenho nada a ver com isso, o único beneficiado dessa filosofia é o próprio presidente etc.".

O grande desafio é explicar a estratégia e mobilizar todos da organização numa mesma direção, tanto em práticas como em atitudes.

Novos paradigmas de liderança

O diretor financeiro de uma organização fez a seguinte pergunta: "Por que treinar os funcionários, se amanhã eles poderão sair da empresa?". A resposta do presidente foi a seguinte: "Já pensou se eu não os treinar e eles ficarem na empresa?".

Um líder tem que saber valorizar seus funcionários, mas isso não é simples, pelo contrário, é ainda mais complexo nos tempos atuais. Temos de considerar que hoje as pessoas têm um nível mais elevado de informação sobre o mundo do que a geração anterior – entre 45 e 60 anos de idade – teve quando treinada para ser líder.

Quando alguém lidera um grupo formado por jovens da geração Y, que têm mais equipamentos de acesso à informação do que a empresa fornece, é difícil estabelecer parâmetros que legitimem o gestor. Lembro-me de quando ganhei meu primeiro laptop da empresa. E, depois, ainda recebi um celular. Eu me sentia o máximo. Isso porque as "pessoas físicas" não tinham acesso a esses equipamentos. Hoje, as máquinas que a empresa fornece costumam ser mais obsoletas do que a que o funcionário tem em casa.

Além disso, o poder de extrair o melhor da tecnologia está com os mais jovens. Quem sabe operar melhor meu iPhone hoje? Meu filho de 15 anos. Ele que me apresenta novos aplicativos e novas funcionalidades. Recentemente, mandei um e-mail para minha filha. Ela me respondeu com uma observação: "Pai, usa o WhatsApp, por favor". O mesmo acontece com todas as pessoas da minha equipe.

Esses paradigmas mudam com o tempo. Aos 30 anos, eu tinha um chefe que devia ter a idade que tenho hoje; ele usava aquele cordão que prende os óculos ao pescoço. Quando comecei a usar óculos, percebi que aquilo era a coisa mais prática que existe. Só que eu achava aquele negócio uma coisa de velho. E mesmo hoje, com 60 anos, nunca usei esse cordãozinho. Ninguém quer ser olhado como velho, ultrapassado.

Como, então, ganhar o respeito desses liderados mais jovens? Eles somente respeitarão o seu líder se a causa defendida for legítima, se compartilharem dela e, se o líder se mantiver fiel a ela, não apenas na empresa, mas na maneira como trata as pessoas e mesmo nos valores de sua vida pessoal. Até existe outro modo para se conseguir a fidelidade do liderado, mas é a mais pobre possível: exercendo o poder do cargo, da hierarquia. É bater no peito e dizer: "Eu sou o chefe". É seguir o velho ditado "manda quem pode, obedece quem tem juízo". Mas, se depender apenas desse respeito, como será afetada a produtividade da empresa? Será que os talentos serão retidos? Os funcionários estarão felizes?

Liderança pela causa

É sempre importante considerar que os jovens buscam um mentor, alguém interessante em quem se inspirar. Minha filha, aos 25 anos, chegou para mim um dia e falou: "Não estou gostando do meu trabalho, meus chefes não sabem nada, ninguém é bom, tem muita coisa errada". Eu falei: "Que bom, filha, isso significa que tem um caminho aberto para você subir na carreira". Em outras palavras, por vias tortas, pode aparecer aí uma boa causa.

Então como surge a causa? A melhor causa surge de uma necessidade. A segunda melhor causa surge de uma visão. Se uma empresa está a caminho de quebrar, salvá-la pode ser uma causa. O líder não tem opção, dela depende a sobrevivência de todos. Já a causa que surge por uma visão é mais difícil de ser apaixonante, pois o líder tem que se antecipar ao contexto, fazer isso ser difundido pela organização. Mas, se dá certo, é a que tem chance de produzir os melhores resultados a médio e longo prazo.

Quando estava a negócios nos EUA, fiz uma visita à United States Steel (USS), a maior empresa de aço norte-americana. Lá, um executivo me falou que a empresa só não tinha falido ainda porque leva um tempo para uma empresa desse porte quebrar. Se isso era verdade na época, hoje não é, e se quebra uma empresa muito mais rapidamente. Um dos maiores banqueiros brasileiros me perguntou: "Sabe qual a diferença de tempo de um banco pequeno para um grande falir? Oito horas" – pois leva mais tempo para todo mundo sacar o dinheiro. É apenas uma anedota, mas que reflete bem a realidade nesses tempos de informação instantânea.

Nesse caso, o líder de RH tem que possuir a visão estratégica do negócio, analisar contextos e engajar as pessoas antes que seja tarde e não haja mais tempo para reviravoltas para se criar a causa. E, nesse pouco tempo, todos irão se apaixonar por essa causa.

Aprendi que ou você tem uma crise para mobilizar as pessoas, ou você cria sua própria crise. Essa segunda é muito mais difícil de solucionar.

Em uma reunião nos EUA, só se falava como a "invasão" japonesa iria quebrar a indústria norte-americana, produzindo aço, alumínio, carros, tudo mais barato. Então você saía na rua e aquele país era o lugar perfeito, com carros bonitos, edifícios imponentes, restaurantes maravilhosos, tudo civilizado. Como convencer as pessoas de que aquilo estava indo mal? Os líderes tentavam, e nada.

Em 1990, visitei a fábrica de alumínio da Alcoa, nos EUA, e o diretor de RH de lá me contou como era difícil competir com os japoneses. Ele até me mostrou alguns indicadores e produtos japoneses que tinham sido levados para sensibilizar os funcionários. Só que quando saí com ele para almoçar, ele me levou em um Honda. Aí eu lhe disse: "Você está aterrorizado com os produtos japoneses e dirige um Honda?". Ele respondeu: "Esse é o melhor carro que eu já tive. Tenho ele há dois anos, nunca dá defeito, não exige manutenção, só troquei óleo e vou trocar os pneus em breve". Com os carros norte-americanos, o custo era muito alto. Até que ponto então ele comprava o posicionamento estratégico da empresa? Ele tem credibilidade se a causa não o convence como pessoa física? Para mim, essa credibilidade está na visão do líder e no comprometimento.

Em uma reunião num banco, todos estavam falando de comprometimento, em teorias e mais teorias sobre como se engajar. Até que um consultor disse: "Coloquem as carteiras em cima da mesa e tirem agora seus cartões de banco". Aí, claro, tinha gente com cartão do banco concorrente. "Porque meu limite é maior", explicava o funcionário. É simples: se você trata seu empregado pior do que trata seu cliente, ele vai ser cliente de outro. E será que ele vai conseguir convencer alguém de que o banco em que ele trabalha é melhor?

Esse é um processo grande. Não é algo que consiste em uma ou duas palestras, em colocar na intranet, ou tomar dois cafés com os funcionários. Não adiantam chavões do tipo "nossa empresa é uma família", pois aí um funcionário pede para arrumar emprego para o filho e não pode tê-lo. Onde está a família? Como lidar com isso? É o que vamos discutir nos próximos capítulos.

10
O jogo do engajamento

Certa vez, um dirigente que estava de saída da empresa chegou para o seu sucessor e disse: "Vou deixar com você três cartas. A primeira você abre no final do seu primeiro ano de gestão, a segunda, ao fim do segundo ano e a terceira, a mesma coisa". E assim fez o novo dirigente. No final do primeiro ano, com muitas dificuldades e prejuízos, ele abriu a carta, e lá estava escrito: "Coloque a culpa no passado, nos problemas herdados do seu antecessor". No segundo ano, os resultados continuaram ruins. E lá foi ele abrir a outra carta, na qual leu: "Coloque a culpa na sua equipe, dizendo que é muito fraca e que vai trocar a maioria de seus membros, já que eles não conseguem implementar a estratégia". No terceiro, as coisas continuaram difíceis para o novo dirigente. Resultados abaixo do esperado, clientes e funcionários descontentes. Ele foi lá e abriu a terceira carta, com a esperança de que, enfim, nessa estaria sua salvação. Foi quando leu: "Escreva três cartas e entregue para o seu sucessor".

Hoje em dia, a média de permanência de presidentes ou CEOs de grandes empresas é de três a cinco anos. Isso pode ter um lado bom, já que mudanças muitas vezes são necessárias para a melhora dos negócios, mas pode ter aspectos negativos: descontentamento de parte dos funcionários com papel-chave e que gostavam de trabalhar com o ex-presidente, dificuldade de implantação de nova filosofia, de engajamento etc.

É comum que todo novo dirigente decida pela renovação das estratégias, voltadas à melhoria do resultado, tendo em vista um incremento na relação com dois grupos essenciais: clientes e funcionários. Resolvendo, portanto, encontrá-los. Após esses encontros, e com a decisão de focar em pessoas, o que acontece em boa parte dos casos é uma mudança no vocabulário, enquanto que na prática os rituais continuam os mesmos.

Uma vez que em um ciclo de negócios de dez anos se tem em média de dois a três presidentes, a base dos funcionários da empresa já não leva a sério o novo vocabulário, já que, novamente, na cabeça deles, será mais do mesmo. Muito "blá-blá-blá" e pouca ação. O problema é que muitos presidentes vêm com esse discurso de valorização de gente, mas a "respiração" deles acaba entregando que não há tanto comprometimento assim nessa fala.

Qual a solução para que a mudança realmente aconteça, e as pessoas, clientes e funcionários, sintam que, a partir daquele momento, serão valorizados?

Ao anunciar estratégias, é muito importante que exista humildade para definir realmente o que interessa para empresa e não para o sucesso pessoal do CEO. Se faltar honestidade quanto ao propósito nesse discurso, mesmo que o vocabulário mude, a alma dos problemas continuará a mesma.

Em grande parte dos casos, os funcionários acabam aceitando esses novos discursos para não se indisporem com a nova liderança. Como me disse uma vez um professor da Universidade de São Paulo, Sigmar Malvezzi, as pessoas aprenderam a simular motivação. Em outras palavras, aprenderam a balançar a cabeça para cima e para baixo, "aceitando" esses "novos" conceitos, quando sabem que nada irá mudar.

Essa repetição do discurso não é apenas culpa dos gestores, mas também é um reflexo das ferramentas de gestão, que estão repetitivas e seguem sempre um modismo. Assim, se sustentabilidade, planejamento estratégico ou sinergia viraram a palavra da moda, todos vão incluí-las em seu vocabulário, sem mudar muita coisa na prática.

As pessoas já aprenderam como reagir a esse modismo, criando alguns maneirismos de aceitação. Percebi que muitos funcionários fazem um jogo de engajamento. Sempre que há uma apresentação do presidente ou de um líder da empresa, há aqueles que preparam duas ou três perguntas "inteligentes", para demonstrar o interesse deles pelo negócio e quão bem eles conhecem as necessidades da empresa, esperando um "sim" como resposta do líder. E quando esse líder faz uma pergunta, muitas vezes os funcionários respondem o que ele gostaria de ouvir, não a opinião real.

Já ouvi de um presidente de empresa: "Não gosto de fazer mesa redonda com meus funcionários, porque parece um muro de lamentações e críticas, e me cansa". Então, mesmo quando há disposição dos funcionários em falar, o líder às vezes não quer ouvir, e isso acaba "cansando-o" porque ele não vai atuar para mudar.

A postura do líder ideal é: "eu não quero ouvir mais isso". Não porque ele não irá mais se reunir com os funcionários, mas porque vai fazer algo para resolver aquelas situações, ou pelo menos dará as respostas que façam as pessoas entenderem o porquê de aquilo ser de determinada forma.

Por isso, para a transformação funcionar, as duas partes devem estar convencidas. O líder, que realmente ouvirá os anseios dos funcionários, e os próprios funcionários, que devem acreditar que suas lamentações serão ouvidas. Mas chegar a isso não é um processo fácil.

A desmotivação

Quando cheguei para trabalhar na Brasil Telecom, no processo de privatização da Telebras, algumas pessoas da minha nova equipe me trouxeram um projeto pronto, muito bem-elaborado, de *Change Management*. Eu não conseguiria fazer um projeto tão bom. O que aconteceu foi que, ao saber da privatização, os funcionários foram preparados para essa mudança, com um treinamento intensivo, em parceria com a Fundação Dom Cabral, uma das melhores instituições de ensino voltada aos negócios do Brasil.

Eles já esperavam que os novos gestores viessem com propostas de mudança e se prepararam para isso, desenhando o projeto ideal. Havia lá uma proposta para que as pessoas se autodesenvolvessem, já que, por se tratar de uma empresa estatal, havia constantes trocas de liderança da empresa por razões políticas. Os novos governantes sempre acabavam colocando sua equipe na gestão da empresa, e os funcionários já tinham se acostumado a se preparar para essas mudanças. Por isso, acabaram desenvolvendo sistemas de autodefesa contra as "grandes ideias" ou os projetos "inovadores" da nova gestão.

Para mim, foi uma grande surpresa, talvez por preconceito, ver a eficiência e a qualidade desses funcionários em uma empresa pública. E, mesmo após alguns anos, e a contratação de mais de duzentos novos gerentes, as pessoas que mantiveram o negócio em pé foram as que já estavam lá. As que eu trouxe, em sua grande maioria, vieram pensando em sua própria carreira, como uma oportunidade de crescimento pessoal, e não em permanecer na empresa por um longo prazo.

Em outra ocasião, conversei com um executivo de uma grande empresa. Havia um boato de que ele iria deixar a organização, e muitas pessoas estavam preocupadas. Quando o questionei sobre isso, ele disse: "De maneira alguma estão preocupados comigo, mas sim com o que irá acontecer com eles após a minha saída".

Esse processo de motivação requer uma leitura do ambiente muito acurada e uma resposta a esse diagnóstico de maneira diferenciada, que seja especialmente pensada para a necessidade de cada negócio. O que ocorre hoje, em boa parte das situações, é que os líderes já vêm preparados, cheios de jargões que leem nos livros.

Orgulho-me da vez que um líder de banco me elogiou dizendo que eu não trazia uma receita de bolo – pois o correto é criar uma receita nova sempre que houver uma mudança na organização.

Em alguns casos, o melhor a fazer é não anunciar uma nova estratégia, porque geralmente o diagnóstico do problema vem da base para cima. Se o gestor já chegar com uma estratégia de cima para baixo, mandando novas mensagens para sua tropa, a chance de não funcionar é enorme.

Ouvir a base de funcionários genuinamente e se aprofundar no que funcionários e clientes dizem é fundamental. Até porque quem sofre mais no atendimento aos clientes é a base da organização, que muitas vezes acaba até se escondendo desse cliente, pois não tem as respostas que gostaria. Outro ponto que traz ineficiência é a necessidade de ter resultados de curto prazo após uma mudança, sem criar essa consistência com a base. É como um treinador que chega a um time de futebol prestes a ser rebaixado. Em vez de ouvir o que incomoda os jogadores e o porquê de eles deixarem o time chegar nessa situação, ele cria uma estratégia nova que promete a subida da equipe. Em um primeiro momento, pode dar certo, com os jogadores motivados a mostrar serviço à nova liderança. Depois de três ou quatro jogos, ao perceberem que nada mudou de verdade para eles, a chance de os jogadores se desmotivarem e a situação voltar a ficar ruim é muito grande.

A falta de humildade dos líderes para criar um projeto genuíno de gestão, de se interessarem verdadeiramente pelo que incomoda cada funcionário, cada cliente, é um grande entrave a uma transformação de verdade e à motivação dos funcionários.

11
Mudanças são necessárias, mas têm que ser bem-conduzidas

Mudar não é fácil, e requer uma quantidade de energia que nem sempre as pessoas estão dispostas a gastar. Mesmo no plano pessoal, pense quantas vezes você já pensou em trocar uma rotina que lhe incomoda, melhorar um hábito para gerar um impacto positivo na sua saúde ou sair do emprego que o entedia, mas não consegue o estímulo necessário para tal.

Nas empresas, acontece algo parecido. Nas organizações em que trabalhei, o *Change Management* sempre esteve no topo das estratégias e dos meus projetos. Muitos executivos entendem que a manutenção do *status quo* de qualquer instituição não é algo bom, e que sempre é necessária uma evolução. Mas muitos colocam esse processo de mudança como a transformação de algo que está ruim, quando, na realidade, é algo natural, que deveria estar sempre presente, para não criar um sentimento de insegurança na organização. Até porque, quando a mudança contínua não está na cultura da empresa, os funcionários não sabem se estão envolvidos nesse processo ou se vão sofrer alguma perda.

Há diversas maneiras de ser bem-sucedido em um processo de mudança, mas ele tem que ser desenhado para uma situação específica, comunicado de modo que encontre a simpatia e crie nas pessoas a vontade de fazer parte dele.

É preciso entender que a mudança não é necessária sempre, ela tem ciclos. Em um cenário de três a cinco anos, faz-se necessária uma atualização da estrutura, da abordagem ao mercado e da forma de gerir pessoas, pois todos gostam e esperam por novidades – e se as novidades não acontecem espontaneamente, as pessoas as provocam para atender à sua necessidade de evoluir.

Na empresa em que a mudança é constante e esperada, esse processo costuma ser mais bem-sucedido. Em empresas mais conservadoras, resistentes a transformações, podem ocorrer mais traumas.

A mudança geralmente está ligada aos produtos e, consequentemente, aos resultados. Quando a empresa quer potencializar seus resultados, começa normalmente fazendo uma avaliação de seus produtos e do mercado e, simultaneamente, repensa seus custos e processos internos. Esse último fator está intimamente ligado à estrutura organizacional e às pessoas, e é exatamente nele que residem as ameaças.

Algo muito favorável para que o processo de mudança seja tranquilo é uma situação de crescimento da empresa, porque aí, forçosamente, o papel das pessoas irá crescer junto. Quando esse processo está mais ligado à contenção e à restrição, vem o grande desafio. No primeiro caso, a preocupação é com a qualidade, a formação e o conhecimento dos funcionários, para promover o crescimento do negócio. O risco nesse tipo de mudança é pequeno, mas se ela for muito rápida, nem sempre as pessoas estarão preparadas.

No caso da mudança de uma empresa com dificuldade, o problema é o inverso, pois será preciso demitir. Muitas empresas nessa situação perdem a oportunidade de desenvolver novos produtos e alcançar novos mercados, pois acaba liberando profissionais capacitados, que conhecem bem aquele negócio, por uma questão de custos. É uma equação complicada, que requer dos principais executivos, e até dos acionistas, muita sensibilidade, para não reagirem pensando apenas no curto prazo, algo que geralmente prevalece em todos os processos.

Na cultura das empresas brasileiras há uma exigência muito forte por uma renovação, um início de um novo ciclo, quando o anterior não trouxe os benefícios esperados. O que acontecem nesses ciclos são processos como centralização, descentralização, foco em produtos, em unidades de negócio etc. Nesses processos acabam se produzindo áreas cinzentas. E o diagnóstico muitas vezes é prejudicado na chegada de novos executivos, os quais consideram que o correto é o contrário do que se estava fazendo até então. Isso é um equívoco, pois todos os processos possuem pontos fracos, mas também podem ser olhados por outro ângulo, em que aparecerão os pontos fortes – e nem sempre a substituição total destes é a solução mais adequada. Por exemplo, se uma pessoa resolve comprar um apartamento bom, barato e que tem boa parte daquilo que ela precisa, e aí vem um parente e diz: “Mas é longe do metrô e você não dirige, vamos achar outro”. E então, não pesquisa para saber que o bairro é bem servido por transportes públicos alternativos. Costumo dizer que dá para se sentar de qualquer lado da mesa e enxergar a mesma situação de maneira diferente.

Os executivos precisam de um equilíbrio profissional e emocional, e também precisam abdicar de suas vaidades; contudo, não é isso o que acontece na maior parte dos casos. Pelo contrário, o que prevalece são tomadas de decisões guiadas pela emoção e o desejo de dizer: “Está tudo errado”.

Tenho me reunido com CEOs de diversas empresas e insistido que eles precisam se renovar, para não serem renovados. Insisto que os negócios têm fundamentos muito simples, que estão ligados a resultados, vendas, custos, estruturas etc. Não há sofisticação nisso. Uma vez definido o caminho, o qual passa por algumas premissas que estão presentes em quase todos os negócios, independentemente da área, é preciso apenas coragem para fazer as mudanças, que muitas vezes são óbvias. Mas o que se tem priorizado é traçar caminhos na percepção da transformação do negócio, sem mudanças nos fundamentos, o que pode causar muitas distorções, pois é a percepção que gera o endeusamento de executivos. Esta é a chance para ele "propagandear" seus feitos, mesmo com os resultados ainda longe do ideal.

Tem uma história que um amigo médico me contou que também se aplica aos negócios. Uma pessoa vai ao médico e relata um problema. O doutor passa uma receita com um medicamento que não funciona. Um amigo então lhe indica um novo médico, que passa uma receita diferente, a qual também não funciona. Aí a pessoa procura um médico mais qualificado. Lá ela relata os sintomas e o que já foi prescrito pelos outros dois e que não resolveram o seu problema. Esse médico, então, prescreve um medicamento, baseado na não eficácia dos outros dois – que ele possivelmente também tivesse indicado se fosse o primeiro a ser consultado –, e dá certo. Ele, então, é reconhecido como o médico que resolveu o problema. Isso acontece muito nas empresas. O executivo olha para tudo que não está dando certo, muda a "medicação" e ataca os "sintomas" com outras medidas, e é reconhecido por isso. Só que em nenhum momento o problema real, causador da "doença", foi realmente investigado.

As soluções estão quase sempre disponíveis dentro da empresa, e só depende da determinação do gestor para implementá-las e comunicá-las aos funcionários. A solução correta vem da equação formada por competência e humildade para escutar, o que gera decisões corretas. A competência está intrinsecamente ligada ao conhecimento técnico, à humildade, à formação moral, à decisão para o caminho a seguir e à habilidade de implementação. Não adianta nada olhar para o caminho certo e ficar parado. É preciso descobrir a direção e caminhar com segurança por ela.

12

Pequenas vitórias podem ser poderosos estimulantes

Todo processo de mudança possui um grande complicador, que são as pessoas, que precisam ser engajadas. Já para a mudança de produtos, equipamentos e estruturas, é preciso investimento, que nem sempre está facilmente disponível. Isso é complicado, principalmente, em negócios que não estão em ascensão. Nesse caso, eu gosto muito das chamadas *quick wins* – vitórias rápidas que vão mostrando o caminho. Muitas transformações podem levar anos para serem implementadas, mas sempre há aquelas que podem ser imediatas e já mostrar resultados.

Essas pequenas vitórias dão ao grupo confiança e motivação para buscar os objetivos mais complexos. Elas funcionam como poderosos estimulantes. O desafio é o executivo buscar onde ele pode conseguir as *quick wins*. Como o médico, ele deve fazer o diagnóstico, que está sempre disponível dentro da cadeia de relacionamentos formada por funcionários, cliente, acionista e comunidade. As respostas estão ali. O gestor só não pode estar embriagado pelo problema a ponto de não conseguir encontrá-las.

As *quick wins* são muito dependentes do talento e do conhecimento da organização. Por mais paradoxal que possa parecer, em uma empresa que não está indo muito bem das pernas é ainda mais fácil conseguir essas vitórias. Uma empresa que está indo mal contém muitas oportunidades. Um ex-chefe comparava essa situação a caçar patos. Em uma empresa bem-estruturada, é preciso usar assobio, cachorro, ficar atrás de uma moita esperando. Em uma empresa que vai mal, basta dar um tiro para cima, a esmo, que pelo menos um pato irá cair.

Um exemplo de *quick win* relativamente fácil de conquistar nesse tipo de empresa é, em um primeiro momento, cortar 10% de custo. Eu costumava ouvir de um chefe que, para uma pessoa que fuma um maço de cigarros por dia, se você retirar dois cigarros, ela nem percebe. No entanto, se tirar metade, ela vai sentir. Muitas vezes dá para se fazer pequenas reduções para alcançar as *quick wins*, mas as maiores, que não lidam só com as "gorduras" do negócio, requerem uma reflexão e um estudo maiores.

Em uma das empresas em que trabalhei o clima era péssimo, e era necessário urgentemente um processo de mudança. Uma das primeiras medidas foi pedir um levantamento de custos de todos os funcionários da minha área. Tive muita resistência quanto a isso por parte de dois diretores que se reportavam a mim. Quando conseguimos, ficou evidente que 50% dos custos que tínhamos eram relativos a dois ou três executivos seniores, que nada agregavam à organização. Decidi cortar essas três pessoas na minha segunda semana de trabalho. Reduzimos o custo da área pela metade; com menos níveis hierárquicos, eu marcava mais presença com a minha equipe e eles comigo, e havia mais velocidade nas nossas ações. Esse foi um exemplo de *quick win* que gerou, em um mês, uma alegria para quem estava abafado pelo sistema hierárquico antiquado, e tudo fluiu com mais facilidade. Foi bom pelo custo reduzido e pela melhoria do relacionamento entre as pessoas. Isso porque tudo foi feito com propósito e justiça, e foram bem-comunicadas as razões pelas quais tinha de ser feito.

Essas pequenas vitórias podem dar um alento, mas para ir mais a fundo, é bom contar com um observador externo, que siga uma metodologia adequada. Ele irá fazer com que a transformação seja mais rápida e segura. Muita gente critica a contratação de consultorias, e eu mesmo acho que elas não devem ser aplicadas a quaisquer situações.

Nos processos de mudança, uma das vantagens de se contratar uma consultoria é detectar o diagnóstico independente, a possibilidade de usar matrizes de pensamento e fazer análise comparativa de mercado. Mas o principal benefício da contratação de uma consultoria para esses momentos é a instalação de uma disciplina no processo de mudança, pois quando você paga alguém por um período determinado, o gestor não pode dar a desculpa de que "está ocupado com a agenda" para não ver os problemas. As boas consultorias costumam trazer para a empresa um processo disciplinado de transformação, que consiste em adotar reuniões, horários, datas, planos e implementações. Outra grande vantagem é que, ao final, a consultoria vai embora, e o gestor pode seguir com aquele caminho, depois de ter em mãos um aporte de conhecimento, de gestão do tempo e de mensuração dos resultados.

Algo que fez bem à minha carreira foi ter sido protagonista da mudança, e não agente passivo dela. Isso é conquistado com atitude superior. No meu caso, minha atitude era igual às dos principais executivos da organização. Em um processo de mudança, não se pode ter a mesma atitude do dia a dia. É preciso mais tempo, mais presença física, mais conversas, mais feedbacks sobre as implantações, e, acima de tudo, manter o moral da equipe elevado.

13

Colesterol bom e colesterol ruim

Boa parte das empresas se move com determinação quando uma crise no ambiente externo ou no mercado força um processo de mudança. Nesse caso, uma transformação na estratégia da empresa é vital para os negócios. Só há duas opções: mudar ou deixar de existir.

Os bons gestores preparam a empresa com antecedência para esse risco, com a ideia de criar uma blindagem. O grande desafio desses gestores é fazer com que essa visão permeie a organização e que as pessoas reconheçam, genuinamente, que existe o risco iminente, e que a movimentação de maneira proativa irá trazer benefícios a todos.

Essa crise, gerada de dentro para fora de maneira artificial, é muito mais saudável do que aquela de verdade, vinda de fora para dentro. Ela faz com que a empresa lide com seus processos, buscando, sem desespero e racionalmente, a redução de custos, uma maior velocidade de desenvolvimento de produtos, melhoria nos processos que garantam a qualidade do produto ou do serviço, entre outros fatores. Isso depende da capacidade, da sagacidade e da antecipação do gestor em ler o ambiente, os clientes, os indicadores corretos e detectar com antecedência essa necessidade.

Uma das grandes questões que se coloca neste momento é: como reconhecer uma crise?

Uma crise de fora para dentro é como um colesterol ruim, o chamado LDL, que é perigoso, pois leva ao acúmulo de placas de gordura nas paredes internas das artérias, diminuindo o fluxo de sangue para órgãos importantes, como o coração e o cérebro. Mas até ocorrer um derrame ou um infarto, a pessoa não tem qualquer sintoma. O mesmo acontece com a empresa. Muitas vezes, alterações no mercado, ações da concorrência ou mesmo processos internos começam a minar a capacidade produtiva da organização. No entanto, por algum motivo, os resultados imediatos continuam bons. Mas quando os sintomas aparecem, a chance de cura pode ser mais complicada, deixando sequelas irreparáveis.

Já a crise de dentro para fora pode ser comparada ao colesterol bom, o HDL, que tem a função de retirar o mau colesterol do corpo e levá-lo para o fígado. Ao chegar ao fígado, ele será metabolizado e eliminado do organismo. Se fizermos uma analogia com as empresas, significa alertar o que pode comprometer a organização a médio prazo e trabalhar para evitar que esses processos ruins obstruam o bom andamento da organização.

Então, o que o gestor deve fazer para que o colesterol ruim não se instale nas artérias da empresa? Em primeiro lugar, é preciso ler com sinceridade o ambiente, sem preconceitos, e agir de acordo com o que está lendo. Por exemplo, quando uma pessoa vai ao médico e ele atesta: "O colesterol está alto, é preciso praticar exercícios e parar de comer coisas gordurosas etc. Se fizer isso, a chance de enfartar é muito menor". O pior cenário, nesse caso, é não seguir a receita, ou até evitar ir ao médico, e enfartar. O ideal seria ter tomado essas providências antes de o médico sugeri-las. Se não seguir as recomendações médicas, você pode até sobreviver e conseguir retomar sua vida, mas também há a chance de morrer ou ficar com sequelas. Em uma empresa, é até possível sair de uma crise externa já instalada, mas sem dúvida os remédios são mais amargos, e devem envolver demissões sumárias, reduções de custos tacanhas que afetam o moral da empresa – tudo feito de maneira brusca, com efeitos colaterais irreparáveis.

Mas como fazer para que sua visão de evitar uma crise futura seja levada a sério pela companhia?

O presidente da empresa normalmente é a pessoa que recebe mais informações, pois todo mundo, dentro e fora da organização, quer influenciá-lo e mostrar seu engajamento. A capacidade de leitura das informações que ele recebe é fator primordial para o seu sucesso. Ele tem de saber qual informação é crítica e qual é superficial para o processo pelo qual a organização está passando. Todos os grandes líderes recebem um nível de informação parecido, mas poucos fazem a leitura adequada e implementam mudanças que vão ajudar a empresa a diminuir o colesterol.

Não é um trabalho simples, pois além de filtrar as informações relevantes e superficiais, ele terá que separar as verdadeiras das falsas. Em muitos casos, terá que fazer um levantamento de diagnóstico. Com o diagnóstico em mãos, é só seguir o que diz o ditado popular: prevenir é melhor do que remediar.

14

Como não deixar que a cultura do medo se instale

Em todos os trabalhos nos quais me engajei fui convidado por líderes muito capazes para envolver os funcionários da empresa em um novo projeto. Mas geralmente meus projetos de pessoas acabavam se interligando com os outros da empresa, tanto em relação ao lucro dos acionistas como pensando na satisfação dos clientes.

Mas nenhuma empresa é imune à crise. Por mais capacitados que sejam seus gestores, por melhores que sejam suas estratégias, uma mudança no cenário externo ou na política econômica do país pode colocar a organização em crise. E em grandes empresas, crise normalmente é sinônimo de demissões.

Engajar pessoas após a demissão de um número expressivo de funcionários parece quase impossível. Até porque esse processo normalmente rompe o compromisso das pessoas com a empresa, pois os funcionários acreditam que não há comprometimento dos líderes com a manutenção do emprego, e todos se sentem ameaçados. É a famosa cultura do medo, que abre espaço para especulações, teorias da conspiração, "puxadas de tapete" etc.

Dos projetos nos quais me envolvi e que exigiam demissões, posso dizer com segurança que conseguimos mudar essa percepção por parte dos funcionários. Mas como se faz isso?

Primordialmente, foi preciso ajustar um processo de comunicação da estratégia, das necessidades, do redirecionamento da empresa, do produto, para um caminho melhor, sempre frisando que faziam parte desse processo de mudança as pessoas que ali permaneceram.

A consciência coletiva da empresa, quando se faz uma redução de 10% a 15% do quadro de funcionários, sugere uma consternação em um primeiro momento. Mas se as demissões são feitas da maneira correta, um sentimento de justiça interna acaba prevalecendo, o que gera um entendimento do motivo da saída daquelas pessoas.

Diversos estudos sérios demonstram que há, no mínimo, 10% de pessoas com performance ruim, abaixo da média, dentro de uma organização. E esse número é percebido pelos próprios funcionários, no dia a dia. Sempre há quem pensa: "Eu me dedico, mas tem aquele da minha área que empurra com a barriga, faz corpo mole, não é tão engajado etc.". Claro, de maneira geral, ninguém deseja a demissão de um colega, é mais comum ter dó, mesmo que tal funcionário não seja tão produtivo. O colega muitas vezes argumenta: "Ele tem família para sustentar; trabalha pouco, mas é gente boa". Mas os processos de desligamentos, se bem-feitos, geralmente acabam criando, em um segundo momento, uma sensação de justiça.

É bom ressaltar que é necessária transparência absoluta em todas as ações planejadas pela empresa, sobretudo na redução do efetivo. Por mais cruel que possa parecer, se não há surpresas no processo, o pensamento que acomete o empregado o qual permanece na empresa é: "Antes ele do que eu".

Por isso, é importante a direção da empresa identificar e avaliar adequadamente o rendimento individual dos funcionários. Deve haver um registro desses rendimentos, para evitar o rompimento com a lealdade. É essencial privilegiar a meritocracia nessas horas.

É quase impossível, claro, que se acerte 100% nessa avaliação, mas se dos 10% de funcionários que foram demitidos, houver o acerto de 9%, a chance de engajar o restante dos funcionários é muito maior.

Dessa forma, é importante que haja um processo estruturado dentro da empresa a fim de se preparar para esses momentos, mesmo que ela esteja vivendo uma boa fase.

Enfrentei situações difíceis durante dez anos em que trabalhei na Alpargatas, na Brasil Telecom e na Volkswagen, com processos de reestruturação que exigiam uma média de 4 mil demissões por ano. Foi um período extremamente crítico, sem nenhum componente de prazer, mas que me levaram a aprender muito sobre a proatividade da estratégia e entender isso como momentos de renovação de cada negócio.

Em cada um desses projetos, que detalharei mais adiante, havia alguns fatores comuns: um líder comprometido com o processo de mudança e uma liderança com visão muito assertiva de como conduzir o processo de transformação. Muitas vezes, essa assertividade fazia com que a comunicação interna se tornasse clara, sem mistérios que pudessem gerar qualquer especulação. E apesar da dureza do momento, aquilo criava para os funcionários uma lógica e lhes dava sentido para se engajarem na sobrevivência do negócio.

Em processos de crise, é importante que essa lógica prevaleça e se torne clara para os três públicos: funcionários, clientes e acionistas. E nunca, em hipótese alguma, atender apenas ao interesse de uma dessas três classes.

Lidar com crise nesses projetos foi o ponto mais marcante da minha carreira, não do ponto de vista de "enxugar" a empresa, mas sim de como transformar um ambiente difícil em um ambiente otimista e com uma visão de futuro.

Tive certa vez a oportunidade, nos anos 1990, de participar de um treinamento de *Change Management* na Universidade da Virgínia, na escola de Darden. Na época não se falava ainda sobre esse conceito, que se tornou popular a partir do ano 2000. Isso ajudou para que eu estruturasse meu pensamento de que não era possível fazer um processo como esse sem estudar a situação específica do negócio, fazer um diagnóstico adequado e olhar quais são as ferramentas disponíveis, que já foram testadas, para criar uma fórmula própria de transformação.

Alguns pontos são essenciais a todas as empresas que passam por esse processo, e dos quais não é possível abrir mão: engajamento da alta direção e dos acionistas na estratégia; uma avaliação muito profissional da estrutura organizacional, de preferência e na grande maioria dos casos, feita por uma consultoria externa, para tentar deixar de lado as defesas políticas internas de posições; e abdicação por parte da direção de seus credos de conhecimento da empresa, para que haja uma leitura isenta, já que uma análise apaixonada feita por forças internas pode prejudicar esse processo.

15

A importância de se ouvir o "chão de fábrica" ou as duas vias de mão única

As ferramentas disponíveis para que o gestor possa entender a organização, tais como programas de comunicação ou pesquisas de clima organizacional, quase sempre trazem uma parte das informações. A habilidade da empresa e do executivo em ouvir a realidade depende muito do modelo de gestão e das características dos próprios executivos. Criar um processo de empatia e de confiança não é fácil como muitos imaginam. Não basta ter carisma, ser simpático. Pelo contrário. O principal é transmitir confiabilidade, com um discurso único desde o primeiro nível de gestão até o CEO.

Ouvir sinceramente e passar a confiança de que há interesse em atender as demandas de funcionários e clientes e, acima de tudo, tomar ações a respeito do que foi ouvido, pode fazer muita diferença no modelo de gestão. Quase sempre o que é ouvido é descartado com certa arrogância, acompanhado do famoso “eu já sabia disso”. E a cada não tomada de providência, diminui-se a capacidade de ouvir, já que os funcionários não confiarão mais em fornecer as informações necessárias, por falta de esperança de que algo será feito. Esse é um ponto-chave para a evolução da gestão.

Uma das coisas de que me orgulho por ter implantado foi um programa forte de diversidade, que envolvia contratação de portadores de deficiência. Mas em uma das celebrações do sucesso do programa, as pessoas que faziam parte dele demonstraram grande frustração, pois não estavam tendo a mesma oportunidade de ascensão na carreira que os outros. E julgavam ter apenas empregos de segunda classe.

Isso demonstra que algo, em um primeiro momento, pode mostrar um bom resultado, mas isso não necessariamente garante que será um projeto de sucesso. Uma visão equivocada a esse respeito pode até impedir que um bom programa traga oportunidades interessantes ao negócio. E isso acontece por não se dar a devida atenção e não se ouvir verdadeiramente os funcionários envolvidos naquele programa.

A maioria das informações está disponível para quem quiser procurar, mas elas normalmente não são bem-utilizadas, principalmente no que se refere a clientes e ao negócio. O mau gestor não leva em consideração as informações vindas dos funcionários que atuam diretamente com os clientes. Em muitos casos, são contratadas consultorias especializadas, que fazem aquilo que poderia ser feito diretamente: ouvir com seriedade os funcionários e colher as informações necessárias para uma mudança de estratégia.

Outro efeito colateral indesejado de não se ouvir os funcionários é que, ao não se sentirem escutados, eles vão falar com o sindicato. Este, então, passa ter uma quantidade de informações que, se fossem dadas ao gestor da empresa, propiciaria uma chance de avanço no processo de comunicação. Assim, os sindicatos se tornam uma concorrência, já que normalmente usam uma linguagem mais acessível e coloquial, diferentemente do que é usada pelos gestores da empresa.

Além de ouvir, também é preciso responder adequadamente a todas as demandas. A resposta não deve ser necessariamente de atendimento às necessidades do empregado, mas sim, na pior das hipóteses, explicar de maneira convincente por que a demanda não será atendida. A ausência dessa explicação interromperá a chamada via de mão dupla e criará duas vias de uma única direção – a que vai da empresa para o pessoal e vice-versa, fazendo um caminho paralelo, sem um ponto de intersecção entre elas. Tais vias podem até se cruzar eventualmente em algum lugar, mas não em um ponto relevante que mudará esse caminho para melhor.

Geralmente, essa falta de comunicação é desvendada após uma crise, quando se revela que muitos dos problemas já eram latentes e tiveram respostas do tipo: “Isso é assim mesmo”. Mas por que isso não é feito? Sobretudo, porque requer investimento. Trabalhar com um modelo adequado necessita que se faça um aporte de recursos, na contratação de pessoas e na tecnologia, o que muitas vezes é tratado como desperdício. E, principalmente, deve haver o convencimento dos executivos para utilizar isso como ferramenta.

Em uma das empresas em que trabalhei, o presidente criou um blog para facilitar a comunicação com os empregados. Como seu tempo era bastante escasso, teve que contratar uma equipe de três pessoas para produzir o material, apesar de ele mesmo ter contato diário com a nova ferramenta. Isso acabou gerando um resultado positivo, embora a demanda fosse além do que ele havia imaginado.

Mas se um executivo não reserva parte do seu tempo para ouvir seus funcionários e clientes, sinceramente, para que ele serve? Para fazer reuniões baseadas em dados restritos, muitas vezes apenas quantitativos, que não dão a base para uma tomada de decisão. Um exemplo: a imprensa tem divulgado que é tendência nas organizações as pessoas trabalharem de casa, o chamado *home office*. Mas, nas grandes cidades, é possível ver um alto número de prédios de escritórios sendo construídos. Alguns de extremo luxo. Isso é um contrassenso. Qual é a informação correta? Aquela que você lê nas revistas ou a baseada na sua percepção? Se o executivo não ampliar seu campo de visão, ele baseará suas ações apenas em um fator, o qual, muitas vezes, pode não refletir a realidade.

As ferramentas para tornar essa comunicação adequada têm que ser desenhadas especificamente para cada modelo de organização. Algumas até já instituíram o *ombudsman* – profissional que tem por função receber críticas, sugestões e reclamações de usuários e consumidores –, a fim de escutar seus clientes, mas poucas o fazem para escutar seus funcionários, que são as pessoas que mais recebem informações diariamente dos próprios clientes. Na ânsia de manter um baixo custo, poucos organogramas têm espaço para isso. Ademais, os modelos organizacionais não evoluíram o suficiente para entender as redes sociais, as expectativas das novas gerações e, principalmente, para tomar ações voltadas para isso. É muito comum novas empresas, dirigidas por jovens, obterem um sucesso surpreendente. Talvez porque eles tenham mais facilidade com esses canais do que as organizações centenárias.

Além disso, as empresas adotam, desde sempre, o chefe imediato como o principal canal de comunicação do funcionário. Talvez isso não seja mais verdade, mas apenas uma meia-verdade.

Em um capítulo anterior, escrevi que todo presidente de empresa tem acesso a um volume imenso de informações. Para filtrar esse volume de informações, há ferramentas disponíveis. Mas elas só ajudarão em metade desse processo de análise quantitativa e qualitativa. A outra metade dependerá da competência e do talento do executivo em não desprezar isso. Já vi executivos com as melhores ferramentas tomarem decisões equivocadas. Esse talento pode ser desenvolvido. A capacidade de aprendizado talvez seja uma das características mais importantes para um profissional de sucesso. E deve ser algo constante.

E como a área de Recursos Humanos pode ajudar nesse processo? Ela deve ter um domínio dessa forma de receber informações. E mais do que isso: tem que ter credibilidade para ser ouvida, pois se está muito afastada da base da organização, o executivo não respeitará os profissionais de RH. Hoje, a tecnologia permite que essa aproximação seja muito mais fácil, por meio de redes sociais e blogs. Mas nada supera o contato pessoal, e ele nunca deve ser abandonado. A linguagem corporal, o timbre de voz ou o olhar podem indicar caminhos mais certeiros do que uma conversa virtual.

16

Não trabalhe por reconhecimento, mas reconheça o trabalho de sua equipe

Recentemente, quando estive na Espanha, visitei muitas de suas igrejas famosas, como a Sagrada Família, a Basílica do Pilar e a Catedral de Toledo. Essa última era especialmente impressionante. Pesquisando alguns relatos sobre aquela construção, que foi erguida entre os anos de 1226 e 1493, uma coisa me chamou atenção: não havia menções sobre a grande maioria de seus construtores, arquitetos ou operários.

Como a obra durou mais de 250 anos, isso significa que todos que começaram sua construção não viram a catedral pronta. Mesmo assim, muitos trabalharam toda a vida nesse belíssimo monumento, sem nenhum reconhecimento, nem mesmo póstumo.

Olhando a perfeição de cada detalhe daquele templo, pensei: se um funcionário trabalha duro todo dia para gerar uma obra ou um resultado esperando reconhecimento, é melhor reconsiderar. Se essa for a razão primordial de seu emprego, é possível que fique muito frustrado. O melhor é sempre trabalhar por interesses individuais ou de uma equipe, pelo sustento da sua família, por valores éticos e morais, por uma ideologia, por objetivos e desejos que podem ser mais facilmente alcançados.

Em algumas empresas em que trabalhei, plantei algumas sementes que perduraram mesmo após minha saída. Sei que meu nome não está lá escrito em uma placa, tampouco um busto foi erguido em minha homenagem, mas tenho a satisfação pessoal de ter iniciado aquelas obras. Outro dia, uma pessoa que trabalhou comigo em diversos momentos da vida disse que estava escrevendo um livro sobre uma ideia que eu havia dado. Fiquei esperando que ela me convidasse para ser coautor da obra, mas ela só queria ser cordial comigo ao falar que quem havia dado a ideia tinha sido eu. Fiquei feliz, mas logo me lembrei da igreja em Toledo. Afinal, como eu mesmo não havia pensado em escrever o livro, é justo que ela colha os louros. O meu prazer é muito mais interno e íntimo por ter inspirado aquela ideia do que pelo reconhecimento externo.

No entanto, o que move o ser humano? O que lhe motiva? Será que um reconhecimento, mesmo que simbólico, não é bom para o funcionário e até para a produtividade da empresa? Claro que sim. A cabeça do gestor, nesse caso, deve ser diferente dos membros de sua equipe. Ele deve, sim, se empenhar para reconhecer o esforço daqueles que trabalham bem para atingir as metas da sua área e contribuir para o crescimento da empresa, mesmo que esses funcionários não esperem por esse reconhecimento. Um dos pontos mais falhos na criação da cultura corporativa é exatamente o reconhecimento.

Devo confessar que um truque o qual me ajudou a ter sucesso em praticamente todos os projetos que participei foi a implantação de um modelo de reconhecimento para as pessoas, que gerava sempre uma evolução da cultura daquela corporação. Esse modelo sempre foi pautado pela simplicidade, não havia nada de sofisticado nele, mas despertava um sentimento de propriedade e de orgulho em cada grupo ou pessoa que tinha seu trabalho reconhecido. Nem mesmo uma remuneração extra conseguia o mesmo efeito.

Embora tivesse uma espinha dorsal central, ele era adaptado a cada modelo de negócio. Sua ideia e seu estilo eram baseados em premiações como o Oscar, o Grammy, o Globo de Ouro e afins. Criado há cerca de 25 anos, foi implantado por mim na Alcoa, na Alpargatas, na Brasil Telecom, na Volkswagen e no HSBC.

Em todos esses lugares, o programa tinha como conceito não remunerar o reconhecimento. Até porque o reconhecimento é o combustível para o engajamento, enquanto a remuneração é apenas um meio de se fazer justiça pela produção do funcionário. Muitas empresas confundem recompensa, que está vinculada à remuneração, com reconhecimento, que em muitos lugares se reduz ao célebre "tapinha nas costas" ou, na pior das hipóteses, ao "não fez mais do que sua obrigação". Em todas essas organizações, o número de inscritos para esse prêmio de reconhecimento e para participar da cerimônia crescia exponencialmente, até chegar à casa do milhar. Algumas diretorias pensavam ser um processo temporário, mas eu nunca soube da interrupção desse programa, mesmo após minha saída. Isso porque, logo que acabava uma cerimônia, já havia a preparação, por parte dos funcionários, para vencer no próximo ano. Isso gerava uma competição saudável entre as áreas.

Em algumas empresas, parecia que se instalava um clima de disputa de times de futebol ou de escolas de samba no Carnaval. As equipes se deslocavam com bandeiras, gritos de guerra e uniformes para torcer pelo seu projeto. Dependendo da empresa, essa cerimônia podia ser uma festa animada e bonita ou um jantar mais formal. O encanto desses projetos dependia muito da criatividade do setor de marketing e do pessoal de eventos, e abrangia todos os níveis da empresa.

O nascimento desse projeto se deu quando eu trabalhava na Alcoa, que estava passando por um processo de desburocratização. Resolvemos então premiar os projetos que geraram mais economia para a organização e convidamos as pessoas a virem a São Paulo para receberem as devidas homenagens. Fui o mestre de cerimônia. A comunicação foi bem-feita e gerou orgulho em cada fábrica em que havia um projeto premiado. Percebemos que o potencial daquilo era muito maior e isso gerou a vontade de destacar a melhoria que cada projeto gerava para a empresa. Esse processo foi caminhando de tal maneira, que fomos o aprimorando, criando um regulamento e critérios de avaliação, colocando mais charme na premiação, divulgando com antecedência e estabelecendo períodos de inscrições. Dividimos o prêmio em categorias, como inovação ou redução de custos, e o vinculamos a valores, como de atendimento ao cliente ou segurança no trabalho. Em outras palavras, deixamos o projeto mais profissional.

Descobrimos também que a substituição dos mestres de cerimônia por celebridades gerava um impacto estupendo, pois a pessoa tinha orgulho de voltar para sua cidade e falar para os amigos, colegas de trabalho e família: "Sabe quem é que me entregou o troféu?". Trouxemos o apresentador Zeca Camargo, o jornalista Chico Pinheiro, o comediante Tom Cavalcante, o cantor Toni Garrido, a atriz Cissa Guimarães. Na Alpargatas, recrutamos o apresentador Fernando Vannucci, conhecido pelo bordão "Alô você", já que o programa que implantamos ali se chamava "Você". Chegamos a levar a banda Os Paralamas do Sucesso e uma escola de samba do Carnaval carioca para animar ainda mais a festa.

Na Alcoa, produzíamos um vídeo sobre o projeto de cada ganhador. Em uma época, cada pessoa falava sobre seu projeto. Mas aí percebemos que a premiação levava tempo demais e acabava se tornando entediante. Fomos aprendendo com o próprio processo a chegar numa fórmula ideal.

No HSBC, o projeto se chamava "Ouro da Casa". O nome era baseado em um conto, cujo protagonista viajava o mundo todo em busca de riquezas, mas, ao retornar, descobria que sua casa estava sobre uma mina de ouro e que era só ele cavar para encontrar. É uma bela metáfora da valorização dos talentos em uma empresa. Aproveitamos o orçamento maior no primeiro ano em que foi implantado e alugamos limusines para os premiados irem à cerimônia. Chegando lá, um grupo de paparazzi contratado esperava para tirar fotos. Também contratamos "fãs" gritando o nome do funcionário, repórteres e, claro, um tapete vermelho. Eles se sentiam verdadeiros pop stars.

Com tanta repercussão, tornou-se um projeto do qual todos quiseram participar nos anos seguintes. Mas só iam à cerimônia os indicados. Criamos uma vez a ideia de uma pessoa fantasiada levar na mesa do funcionário o pergaminho do convite. A sensação era como se ele tivesse tirado um bilhete premiado na loteria.

O efeito daquilo era estrondoso, o reconhecimento entrava como valor da empresa, como um processo de melhoria. E todos os projetos que desenhei nesse sentido me fizeram perceber que todo reconhecimento, desde que bem-estruturado e criterioso, gera um efeito muito poderoso na cultura da empresa, muito acima de qualquer expectativa.

17
Pessoas felizes produzem mais

Certa vez, um colega chegou para mim e disse: “Quando você acerta em muitas decisões, tem que tomar cuidado, já que o excesso de confiança pode te levar ao erro”. E ele estava certo, já que as pessoas começam a aceitar suas propostas sem pensar, baseadas apenas na credibilidade dos seus acertos.

Quando trabalhava na Alcoa, fui transferido para a fábrica de Itapissuma, em Pernambuco. Era 1989, eu ainda estava começando minha carreira em Recursos Humanos, sem grandes pretensões. Fiquei apreensivo, já que, pelo que se ouvia falar, aquela fábrica não estava indo muito bem.

Antes de partir, ainda em São Paulo, onde ficava a sede da empresa, a sola do meu sapato furou e fui procurar um sapateiro na cidade, quando me chamaram para uma reunião com os diretores de primeira linha da Alcoa. Eu ainda era um pouco acanhado, vivia mais o ambiente da fábrica e não estava acostumado a estar nos cenários de decisão com a diretoria. Na época, a inflação no Brasil era muito alta, e naquele mês ela bateria os 33%. Era julho, e a data-base de negociação era o dia primeiro de setembro. A discussão que se seguia era a seguinte: quanto deveria ser o aumento dos salários dos funcionários em agosto, já que em setembro haveria a negociação com o sindicato.

A área de Recursos Humanos estava defendendo uma proposta conservadora. A ideia era fazer uma reposição um pouco abaixo da inflação, para ter o que negociar com o sindicato no dia previsto. Os aumentos eram escalonados, os salários maiores tinham menos aumento enquanto os mais baixos tinham uma reposição quase integral. Depois da discussão, na qual se chegou ao valor de 28% a 33% de reposição, o diretor de Negócios me perguntou, subitamente: "Quanto você daria de aumento?". Eu respondi 40%. "Mas por quê?", ele me questionou. Todo mundo me olhando, e eu segurando o saquinho de papel de pão onde havia colocado o tal sapato furado. Respondi: "Se dermos 40%, aumento linear, sem escalonamento, nós tiramos o interesse dos funcionários na negociação com o sindicato". E isso duraria um mês, já que com a inflação alta, esse benefício desaparece. O diretor me olhou e, em meio a expressões perplexas e reclamações dos outros membros, falou: "Eu vou fazer isso".

Na primeira semana de setembro, eu já havia sido transferido, e o tal diretor de Negócios também estava lá na fábrica e queria saber o que havia ocorrido um mês antes, já que a produção havia batido recorde. Eu "caí de paraquedas" naquela reunião, e o pessoal da fábrica não sabia que havia sido eu que sugerira aquela proposta de aumento. O diretor de produção da fábrica então se levantou, projetou aquelas transparências que se usavam na época, onde estava escrito "40". E explicou: "Com o aumento de 40%, o pessoal ficou muito contente, e quis dar uma resposta à ousadia da empresa". Essa decisão me deu muita credibilidade e começaram a apostar em mim.

Um segundo momento que ajudou a aumentar ainda mais minha credibilidade foi quando comecei a me preocupar com os acidentes de trabalho na fábrica. A Alcoa era muito rigorosa com isso, mas sempre aconteciam acidentes considerados graves – que é quando há sangramento e a pessoa leva pontos.

Eu tinha lido, no jornal local, que um gestor ousado havia paralisado a fábrica, com milhares de funcionários, para fazer um programa de *housekeeping*, que consistia na limpeza e na organização do ambiente de trabalho. E eu dei essa mesma ideia para ser aplicada na Alcoa. Pararíamos a produção por um dia, das 8h até as 18h, para o pessoal fazer essa arrumação. Criamos então um programa de comunicação, chamado "Sacudindo a Poeira e Dando a Volta Por Cima", para incentivar os funcionários a se engajarem nessa tarefa.

Um dos meus chefes ficou enlouquecido, porque no dia 23 de novembro eu parei a fábrica no auge do pico de produção. Outros diretores também protestaram, mas a sensação provocada nas pessoas, nos funcionários, foi de renovação. Foram achadas toneladas de materiais, muitos já imprestáveis, que foram vendidos como sucata. E, além disso, criamos um novo paradigma: nós, a empresa, também poderíamos parar a fábrica por um dia, e isso não era privilégio apenas do sindicato.

Escutando alguns depoimentos de funcionários, percebemos que muitos internalizaram aquela sensação boa, de estar arrumando a casa, e até se emocionaram com isso. Resultado: nos quatro meses seguintes, nenhum acidente grave foi registrado naquela fábrica. E mais: naquele mês, houve recorde de produção na história, mesmo com um dia parado.

Esses dois casos provam que iniciativas inovadoras ou não esperadas invertem a expectativa e passam uma mensagem positiva para os funcionários.

Houve ainda um terceiro caso, logo em seguida, que foi uma festa de final de ano na fábrica. Há muito tempo não era feito ali esse tipo de festa. Isso porque nas últimas tinha havido muitas brigas, e a empresa resolveu abolir esse tipo de evento. Mas insistimos em fazer, mesmo com ameaça do sindicato de invadir e fazer manifestação no evento, já que estávamos na véspera da disputa eleitoral entre Lula e Collor, no segundo turno.

Mas fomos em frente. Convidamos a fina flor do folclore pernambucano, bonecos de Olinda etc. para animar a festa. Nessa hora me lembrei daquele conselho do meu amigo: "Se você acerta em muitas decisões, tem que tomar cuidado". Eu estava com o moral alto dentro da fábrica, e por isso mesmo cuidei de todos os detalhes, para que aquela festa não pudesse dar errado. Pensei até, por exemplo, no intervalo de troca das bandas. Essa poderia ser uma deixa para o sindicato armar sua manifestação. Colocamos então vinhetas das músicas da Globo num telão e o tema da vitória do Ayrton Senna. Na primeira parada, quando entrou o famoso *Tam-tam-tam*, as pessoas começaram a se abraçar, emocionadas, como que celebrando a nova fase da fábrica. Nisso, veio o Dedé, presidente do sindicato, falar comigo. Nós nunca havíamos conversado. Ele disse: "Eu tinha planejado fazer um protesto aqui, mas a festa está muito boa, está todo mundo feliz, não tem clima para o que eu iria fazer".

No final, ninguém queria ir embora da comemoração. E pensei: quando você ganha credibilidade, se prepara em todos os detalhes e se previne contra o que pode dar errado, a chance de as coisas correrem bem são maiores.

18

Uns são mais substituíveis que outros

A atitude do funcionário, assim como o conhecimento e o desenvolvimento de suas relações, interna e externamente, é importante para aumentar o fator de sua empregabilidade dentro da empresa. Muitos dizem que não existem pessoas insubstituíveis dentro de uma organização. Eu também acredito nisso. No entanto, há pessoas que são mais substituíveis que outras. E posso dizer isso por experiência própria, pois sei que hoje, com toda experiência adquirida, sou substituível com um pouco mais de prazo do que outros.

Um profissional que chega ao ponto de se tornar essencial para a organização pode se sentir realizado, já que adquiriu conhecimento e competências que tornam sua sucessão mais complexa comparado a alguém com uma carreira menos proveitosa. Mas que fatores influenciam para que isso aconteça?

Um dos pontos importantes é não guardar informações para se garantir. A informação traz poder, mas este pode ser efêmero. O poder verdadeiro, duradouro, está na disseminação rápida, transparente e honesta da informação para as equipes de trabalho. O acesso à informação não deve ser um privilégio. Até porque, no médio e no longo prazo, a ausência de informação não vai gerar o desempenho e o senso de compromisso das equipes, pelo contrário, só irá gerar desconfiança e falta de comprometimento. A informação segmentada e temporal é nociva à produtividade. Mesmo do ponto de vista de conhecimento ("apenas eu conheço isso e a empresa vai ficar dependente de mim"), a retenção de informação é enganosa, já que, no momento em que a pessoa perde esse trunfo, toda sua utilidade para a empresa (e a qualquer outra) se perde junto.

Quando se está em uma empresa por bastante tempo, é essencial ter essa atitude positiva e, a partir daí, é grande a chance de esse funcionário se tornar mais admirado e procurado. Eu falo isso com muita confiança, pois consegui meus melhores empregos após os 45 e os 50 anos, e tive convites para posições ainda maiores depois dos 55. Isso também acaba com outro mito: o de que profissionais mais velhos estão perdendo, a cada dia que passa, terreno para os das novas gerações. A idade não termina com a carreira de ninguém, e evitar isso está nas mãos do próprio profissional. E não basta apenas buscar conhecimento, não parar de estudar. Claro que isso é importante, mas mais ainda é saber qual conhecimento buscar. É necessário ter consciência das lacunas que precisam ser preenchidas e assim se qualificar para uma quantidade de oportunidades que não se havia imaginado no início de carreira.

Sua carreira também deve ser importante para a empresa

Há algum tempo, era comum utilizar-se da expressão "fazer carreira dentro da empresa", para aquelas pessoas que passavam a vida dentro da organização, ocupando diversos cargos, até chegar a algum de grande importância, às vezes até mesmo à presidência. Para as novas gerações, isso parece estar sendo cada vez mais raro. Os jovens têm traçado suas carreiras de acordo com seus interesses pessoais, enquanto as empresas se preocupam apenas em reter os talentos com ofertas salariais e programas de motivação, sem inseri-los como parte dos objetivos a serem alcançados corporativamente.

Hoje em dia, em grande parte das organizações, existe uma distância muito grande entre a estratégia da empresa e o plano de carreira para seus funcionários. Isso acaba gerando uma falta de identificação e uma rotatividade indesejada. Até porque não é apenas um bom salário ou um plano de carreira que fazem com que o bom funcionário queira permanecer ali. Como já abordamos anteriormente, é importante alinhá-lo a uma causa maior da existência daquela empresa.

Já da parte do funcionário, uma boa estratégia, no início da sua carreira é tentar capacitar-se para ser presidente ou o CEO da empresa. Parece muito megalomaníaco? Ambicioso demais? Talvez. Mas ao contrário do que muitos jovens executivos pensam, especializar-se antes de conhecer todas (ou pelo menos, grande parte) as áreas da empresa pode ser um tiro no pé. Isso porque um nicho escolhido precocemente pode se tornar obsoleto com o passar do tempo, e aí ele não terá a versatilidade para mudar de área. Além de que possuir habilidades múltiplas dentro da empresa pode lhe dar uma perspectiva macro da carreira e um leque maior de opções.

Um presidente de empresa deve saber de finanças, marketing, gestão, enfim, de tudo o que envolve a organização. Se um jovem se propõe a aprender um pouco de cada área, pode decidir com mais propriedade em qual tem mais habilidade ou de qual gosta mais. E, porventura, pode até se tornar presidente da empresa no futuro.

Já a empresa, se aposta nesse tipo de funcionário, tem de alinhá-lo à estratégia para que ele não fique engessado. Fazendo novamente uma analogia com o futebol, é como descobrir um jovem que tem tudo para ser um craque e colocá-lo em uma posição fixa no campo, sem testá-lo nas demais. Mesmo com um bom salário e produzindo razoavelmente bem naquela função, a chance de perdê-lo ou de desperdício de seu potencial é grande. O ideal é testá-lo nas várias posições até que encontre seu lugar e, quando estiver pronto, além do bom salário, alinhá-lo à estratégia do time. Ele deve ser peça-chave para se atingir os objetivos e se sentir parte de uma causa.

Se você age como empregado, sempre será empregado

Ainda no começo da minha carreira, há quase trinta anos, um *headhunter* da Spencer Stuart, uma das consultorias mais conceituadas de recolocação de altos executivos, me chamou para uma posição de destaque em uma empresa. No entanto, ele me alertou que, para conseguir esse cargo, eu teria de passar por algumas etapas.

Ao ouvir isso, me veio uma imagem. Há alguns anos, era mais comum juntarmos as garrafas de refrigerante ou de cerveja de vidro para depois trocarmos no mercado por outras. Hoje, a maioria das garrafas se tornou descartável, assim como os profissionais das grandes empresas. No momento em que o *headhunter* me falou aquilo, eu enxerguei a situação exatamente como sendo uma caixa de garrafas vazias esperando ser preenchida para que fosse possível fazer a troca. Aí, conforme fui completando os requisitos e me aprimorando, me imaginava preenchendo cada lacuna dessa caixa. Fiz isso com algum planejamento. Aprendi línguas, me forcei a passar por áreas de que eu não gostava, trabalhei no exterior, aprendi outras habilidades da minha área, como negociações sindicais, e, em certo momento, estava com a caixa pronta para trocar, com o portfólio quase completo.

Assim, trabalhei em três das maiores empresas do país e fui convidado por, no mínimo, outras três. Mesmo com minha formação universitária abaixo dos meus pares, eu me destaquei.

Outro motivo para o sucesso da minha carreira é ter escolhido uma área que não era vista como tão nobre. O que parece, em um primeiro momento, uma desvantagem, acabou se tornando um benefício, pois era uma área que não tinha sido escolhida por muita gente, ou seja, tinha menos concorrência de bons profissionais. Na época, a maioria queria a área financeira, marketing ou algum setor de engenharia que estava na moda. Poucos se interessavam por humanas. Mas isso também só funcionou porque eu gostava da minha área; era algo com o qual eu me identificava, o que foi essencial. Até porque, ao longo de todos esses anos, tive convites para mudar de área. No entanto, sempre pensava comigo mesmo: "É melhor ser cabeça de sardinha do que traseiro de baleia". E, fazendo um trocadilho raso, meu "peixe" acabou sendo vendido em igualdade de condições com os melhores profissionais de outras áreas.

Dentro de todo esse processo, foi preciso delinear o período de aquisição na carreira – que consiste em adquirir conhecimentos, expertise, competências, habilidades –, que nunca termina, porém é mais intenso em alguns momentos. Mas, acima de tudo, meu diferencial foi a atitude de trabalhar em cada empresa como se fosse a minha e ter a famosa “dor de dono”. Eu nunca me vi como empregado. Na medida em que você tem a atitude de empregado, de não se comprometer tanto e de ficar apenas satisfeito com o salário no fim do mês, você sempre será apenas um empregado e não vai chegar a ser uma pessoa de ponta na organização.

Outro fator fundamental foi gostar de gente. Nenhuma posição de liderança suporta uma pessoa que lida com suas equipes com interesses meramente circunstanciais. Meu interesse em pessoas sempre foi genuíno e de longo prazo, tanto na formação das minhas equipes como no relacionamento com toda a empresa. Estar aberto a esse relacionamento fez com que eu acumulasse uma quantidade de informação importante para o desempenho da minha função.

19

No fim das contas, o que importa são as pessoas

A busca do sentido para a existência é talvez o principal motor que move o ser humano em querer continuar, progredir e prosseguir em sua caminhada. E esse sentido só é construído na família, nos negócios e em outros aspectos da existência por meio da interação com outras pessoas. Há uma frase bastante famosa do filósofo Jean-Paul Sartre, presente na peça de teatro *Entre quatro paredes*, que diz que "O inferno são os outros". Ao contrário do que parece, Sartre não prega o isolamento, ele só afirma que não podemos controlar a consciência dos outros, o que sempre gera conflito. No entanto, ele acredita que para o indivíduo se conhecer plenamente e dar sentido à existência, a socialização – ou seja, as pessoas – é essencial.

Por isso, no trabalho, o que sempre me deu prazer foi fazer planos, traçar metas e bolar estratégias voltadas para as pessoas. Isso me proporcionou um senso crítico para eu me transformar em um olho clínico dentro das empresas em que trabalhei, principalmente quanto à maneira que estava sendo conduzida ali a relação com as pessoas.

Inclusive, eu sempre preferi falar a palavra "pessoas" do que os apelidos que são dados por aí por alguns gestores, como colaboradores, talentos etc., que às vezes são utilizadas como uma maneira hipócrita para tentar engajar e mostrar respeito aos funcionários. A grande minoria das organizações consegue mostrar de maneira confiável a seus funcionários que as pessoas estão sempre no centro da estratégia dos negócios. Pelo contrário, isso normalmente soa falso dentro da prática empresarial.

Estou longe de querer ser romântico e achar que os negócios devem girar apenas em função das pessoas, pelo contrário, o lucro e o resultado para os acionistas devem sempre ser prioridade e trazer consequências benéficas a todos, inclusive aos funcionários, principais responsáveis por isso. O que garantiu o sucesso da minha carreira foi exatamente a lealdade e a honestidade de propósito, sem apelar para idiossincrasias falsas na forma de conduzir a relação da empresa com as pessoas.

Embora tenha citado Sartre, meu estilo nunca foi muito filosófico, mas sim muito mais prático. Também não sou muito partidário de que a área de Recursos Humanos deva apenas conhecer a fundo o negócio e viver sua estratégia, como defendem alguns teóricos. Até pela gama de diferentes negócios com os quais trabalhei, conheci uma parte suficiente para poder representar dos dois lados as necessidades. E foi nesse papel em que me saí melhor.

Este livro, embora em muitos momentos permeado de um viés irônico e provocativo, teve a intenção de precisar a importância que as empresas devem dar às pessoas dentro do seu negócio.

As decisões para a gestão de pessoas não têm a obviedade que muitas vezes as recomendações teóricas trazem nos manuais, nos livros e no ensino acadêmico. E esse talvez seja o grande problema das organizações. Como citei no decorrer deste livro, um grande diretor de banco falou, em relação a mim, que uma das minhas vantagens é que eu não trazia uma receita de bolo, já que tinha passado por diversos negócios de naturezas distintas e achado soluções personalizadas para cada um deles.

Somado a isso, o fato de eu propor caminhos diferentes a empresas diversas em momentos complicados torna o sucesso da minha trajetória profissional muito difícil de ser reduzido a um esquema, a uma fórmula ou a uma explicação teórica simplificada, ou mesmo a um livro. Isso, de alguma maneira, pode frustrar o leitor que chegou até aqui. No entanto, minha intenção é justamente estimular o senso crítico de gestores de pessoas, a fim de que não caiam em um padrão preestabelecido para encontrar soluções e fazer a sinergia entre pessoas e negócios.

Portanto, se em algum instante, entre todas essas páginas, consegui esse tipo de reflexão por parte do leitor, de sentir qualquer estímulo ou provocação para repensar seus métodos de gestão, fico satisfeito e sinto ter atingido meu objetivo.

apitalismo light: o desafio de manter negócios saudáveis e pessoas felizes
2016, João Rached

quipe editorial: Larissa Caldin, Lindsay Gois e Lourdes Magalhães
reparação de texto: Lindsay Gois
evisão: Larissa Caldin
apa, Projeto gráfico e diagramação: Vitor Donofrio
oto do autor: Raul Balduino Chagas Junior

Dados Internacionais de Catalogação na Publicação (CIP)
(Câmara Brasileira do Livro, SP, Brasil)

Rached, João

Capitalismo light : o desafio de manter negócios saudáveis e pessoas felizes / João Rached.
1ª edição, 1ª tiragem

Bibliografia

1. Capitalismo – Aspectos morais e éticos 2. Empresas – Aspectos morais e éticos 3. Ética empresarial 4. Responsabilidade social dos negócios
I. Título

16-02185 CDD – 174.4

Índices para catálogo sistemático:
1. Ética nos negócios 174.4

RIMAVERA
DITORIAL
v. Queiroz Filho, 1700 Vila B 37
5319-000 – São Paulo – SP
elefone: (55 11) 3031-5957
www.primaveraeditorial.com
ontato@primaveraeditorial.com

CAPITALISMO LIGHT foi impresso
em São Paulo pela Bartira
para Primavera Editorial
em agosto de 2016